栗原はるみ

おべんとう100

はじめに

早起きして身じたくを整え、エプロンのひもをきゅっと結ぶと、私の一日が始まります。かつて娘と息子のおべんとうを毎朝のように作っていた時期がありました。幼稚園、中学、高校と2人合わせて約10年間。今、振り返るとよく続いたと思いますが、大変な思いを何度もするからこそ出てくる工夫もあるものです。おべんとうは想像ではうまく作れません。実生活とそこから学んだひとつひとつのことが、私にとって今でも発想のもとになっています。

子どものおべんとう作りには卒業がありますが、あらたに始まるおべんとう作りもあります。私の夫はもう10数年前ですが、週に数回、会社に行くときにおべんとうを持っていきました。本人が健康に気遣ってのことと思い、安心して食べられるおいしいものを私も心がけたつもりです。まわりを見渡すと、ときどき通勤べんとうを作る人、自宅で仕事をしていて自分用におべんとうを作り置く人、近所に住む夫の親や自分の親におべんとうを届ける人……。いろいろな状況でおべんとう作りを始めた人たちがいます。

子どものおべんとうでも、夫のおべんとうでも、一生懸命に作っていれば、きっと思いは伝わるはず。そこには家族を思う愛情と、子どもたちには食育につながる大事なものがあります。おべんとうの小さな包みは、家族を結ぶ絆。私の提案する日々のおべんとうが、愛する家族や自分のために役立ってくれたらとてもうれしいです。

おべんとうに合うおかずは だいたい決まっています

　おべんとうのおかずは冷めてもおいしいことが基本です。味でいったらごはんに合う甘辛味、塩味、甘酸っぱい味が中心。その中で私がおいしいと思うのは、揚げたもの、焼いたもの、煮たもの、それに酢のもの、マヨネーズ味のものを取り入れたおべんとうです。品数が少ないときもなんとなくこの中のものを意識し、すき間には手軽な市販品や野菜おかず、野菜の常備菜などを組み合わせていくと、自然とバランスのとれたおべんとうになります。

蓋をあけたときの楽しさを 思いながら詰めてあげたい

　ごはんとおかずは、すき間ができないように詰めると片寄りができません。かといってぎゅうぎゅう詰めではおいしさ半減なので、食べる人に合わせたごはんとおかずが入るおべんとう箱を選びましょう。おかずの仕切りに私がよく使うのがサラダ菜の内側部分。カップのようにして粗熱のとれたおかずをのせて詰め合わせます。彩りにもなり、なにより食べられるから無駄になりません。すだちやレモンは肉、魚、野菜、なににかけても合うので、私はよく添えています。

品数や組み合わせを変えて 自分のおべんとうを作ってほしい

この本では、最初になるべく品数の少ないおべんとうを紹介しています。後半になるとおかずが４～５品入ったものも登場しますが、その通りである必要はありません。毎日のことなのでもっと手軽にしたいと思ったら２～３品に減らすとか、組み合わせを変えて、自分なりのおべんとうにしていってください。上の写真は豚のしょうが焼きに定番のポテトサラダ、すき間に焼きタラコ、ほうれん草のおひたし、漬けもの、ふりかけなどを組み合わせたおべんとうです。

おべんとうレシピは そのまま少人数の食卓にも

冷蔵庫に余っている材料でおかずを考えたり、保存のきく常備菜をまとめて作りおいたり、便利なたれ・ソースを使って少量でも深みのある味つけにこだわったり。おべんとう作りの工夫やおべんとう箱を使った楽しいことは、そのままふだんの食卓にも役立ちます。とくに少人数の家庭が増えている中で、これから新生活を始める若い人たちや、再び夫婦２人暮らしという私と同世代のみなさんには、おべんとうの少量レシピは身近に感じられると思います。

1

少ないおかずで手軽に作りたい日

2

前日のおかずに助けられる日

3

メインのおかずが決まっている日

4

そぼろマニアのおべんとう

5

ごはんが主役になる日

6

おべんとうの定番サンド

column

おべんとうの思い出

本誌の料理表記について

＊ 料理の単位は、すりきりで1カップは200㎖、大さじ1は15㎖、小さじ1は5㎖です。

＊ 電子レンジの加熱時間は、出力600Wの機種で作る場合を前提としています。
500Wの機種なら表記の加熱時間の1.2倍に、700Wなら0.8倍に換算してください。

＊「適量」と書かれたものは好みの分量をご用意ください。「適宜」「(あれば)」と書かれたものは、用意がなければ省いてもかまいません。

1

少ないおかずで手軽に作りたい日

朝は時間をかけられない。材料の買い置きが少ない。
そんなときは少ないおかずで手軽なおべんとうを作りませんか。
品数の少なさで見た目がさみしくならないように
私はちょっと存在感のある切り方や詰め方を工夫しています。

チャーシューべんとう

身近にある調味料で深い味わいが出る、うちの簡単チャーシュー。
おべんとうでは小さなかたまり肉を焼き、大きめのコロコロに切ります。
盛りつけはほうれん草と炒り卵の上にのせ、どんぶり仕立てに。

簡単チャーシュー

材料(作りやすい分量)
豚肩ロースかたまり肉100〜120g
A(しょうゆ大さじ1　オイスターソース小さじ1　紹興酒小さじ1　砂糖小さじ2　みそ小さじ½)　サラダ油少々

作り方

1 豚肉は冷蔵庫から早めに出しておく。
2 Aの材料をよく混ぜておく。
3 小さめのフライパンにサラダ油を熱し、豚肉を2等分して強火で表面をよく焼きつける。5〜6分焼いて八分通り火が通ったら火を止め、豚肉をいったん取り出す。
4 フライパンに出た脂が多ければ少し拭き取り、②を入れて煮立て、豚肉を戻し入れ軽く煮からめる。
5 取り出して粗熱がとれたら2cm角に切り、残ったたれをからめる。

炒り卵

材料(1人分)
卵1個　砂糖小さじ1〜2　塩少々
サラダ油少々

作り方

1 ボウルに卵を溶きほぐし、砂糖、塩を加えてよく混ぜる。
2 小さめのフライパンにサラダ油を熱して①を流し入れ、箸で混ぜながらやや大きめにほぐして火を通す。
* 卵は火を通しすぎるとかたくなるので注意します。とくに少量の場合は余熱でさらに火が通りやすいので、すぐに別容器に移して冷ますのも手です。

レンジほうれん草

材料(1人分)
ほうれん草60g　ふりかけやごまだれ(P.63参照)など適量

作り方

1 ほうれん草は3cm長さに切り、ラップで平らに包んで電子レンジで約50秒加熱し、冷水にとってよくすすぎ、水気をよく絞る。
2 食べるときに削り節のふりかけやごまだれをかける。
* 野菜のすき間おかずとしても重宝する一品。ほうれん草の水気はおべんとうに詰める前にもう一度よく絞ります。

into a lunch box

おべんとう箱にごはんを詰め、もみのり適量をちらし、レンジほうれん草の水気をもう一度絞ってのせる。炒り卵を広げ、その上に簡単チャーシューを盛る。ほうれん草の味つけには2つの味を楽しめるようにふりかけとごまだれを適宜添える。

サラダスパゲッティべんとう

炒めサラダスパゲッティはおかずと軽い主食を兼ねた一品。
酸味は食べるころにはほとんどとんで、さっぱりとしたうまみが残ります。
ボリューム派にはさらに小さなおにぎりも2つ、3つ。

炒めサラダスパゲッティ

材料（1人分）
ウインナソーセージ2本　グリーンアスパラガス1本　キャベツ1枚　ミニトマト4個　スパゲッティ50g　卵1個　サラダ油適量　顆粒コンソメ少々　酢大さじ1　塩・こしょう各適量　しょうゆ適宜

作り方

1　ウインナは1本を斜め4等分に切る。アスパラは根元のかたい部分とハカマを取り、1cm幅の斜め切りにする。キャベツは3～4cm角に切る。ミニトマトはヘタを取り、横半分に切る。

2　スパゲッティは半分に折り、袋の表示を参考にゆでてざるに上げ、水気をよくきる。ボウルに入れ、熱いうちにコンソメ、酢を加えて混ぜる。

3　フライパンにサラダ油を熱し、ウインナを炒める。アスパラ、キャベツを順に加えて炒め合わせ、軽く塩、こしょうをふり、火を止める。

4　③が熱いうちに②のボウルに入れ、スパゲッティとあえる。

5　④にミニトマトを加えて軽く合わせ、塩、こしょうで味を調える。

6　フライパンにサラダ油を熱し、卵をそっと割り入れて両面を焼き、火を通す。

7　容器に⑤を盛り、⑥をのせ、好みでしょうゆ、塩、こしょうを添える。

*　おべんとうに入れる目玉焼きは半熟を避け、中まで火を通すと安心です。

ひと口おにぎり

材料（3個分）
ごはん適量　好みのふりかけ適量

作り方

1　小さなおにぎりを作り、片面にふりかけをまぶす。

*　ここでは市販ののりおかか、じゃこと切り干し大根という2種のふりかけをまぶしています。小袋で持っていき、食べるときにふってもいい。

into a lunch box

おべんとう箱に、炒めサラダスパゲッティの具をバランスよく広げながら詰め、目玉焼きをのせる。もうひとつのおべんとう箱には、ひと口おにぎりを詰め、すき間に好みで市販チーズ、オレンジのスライス、目玉焼き用にしょうゆなどを適宜添える。

ポークソテーべんとう

ケチャップとトンカツソースに生クリームをひとさじ加えるだけで
豚肉がとたんに洋食屋さんのポークソテーになります。
炒め合わせた玉ねぎといっしょにごはんにのせれば堂々のメイン。

ポークソテー

材料（1人分）
豚肩ロース薄切り肉（しょうが焼き用）１枚（50ｇ）　玉ねぎ¼個　塩・こしょう各適量　薄力粉少々　サラダ油小さじ２　A（トマトケチャップ大さじ２　トンカツソース小さじ１　生クリーム大さじ１）

作り方

1　豚肉は食べやすく４等分にする。玉ねぎは７～８㎜幅に切る。
2　Aを合わせておく。
3　豚肉に軽く塩、こしょうをふり、薄力粉を薄くまぶす。
4　フライパンにサラダ油の半量を熱して玉ねぎを炒め、いったん取り出す。
5　続けて③を入れ、両面を焼きつける。玉ねぎを戻し入れ、②の合わせ調味料を加えて軽く煮る。味をみて足りなければ塩、こしょうで調える。
＊　玉ねぎは少し厚めに切ると歯ごたえが残っておいしいです。

焼きタラコ、さつま揚げボール

材料（作りやすい分量）
タラコ½腹　さつま揚げボール２個

作り方

1　タラコは焼き網やグリル、またはオーブントースターなどで焼いて中まで火を通し、食べやすい大きさに切る。
2　①を焼きながら、あいたところでさつま揚げボールも焼き、表面に軽く焼き色をつける。

into a lunch box

おべんとう箱の両脇を空けるようにごはんを詰め、ポークソテーをのせる。両脇のすき間には野沢菜漬けにおかかをふったもの、赤かぶ漬け、昆布のつくだ煮、焼きタラコ、すだちをくりぬいた容器にさつま揚げボール、カリカリ梅、梅干しなどを適宜添える。

ささみの竜田揚げべんとう

あっさりとしたささみを竜田揚げにすると、食べごたえが加わります。うちでは雑穀ごはんや黒豆ごはんのおかずとしてふだんから人気で酢の味のものを組み合わせると味のバランスもとれておいしくなります。

ささみの竜田揚げ

材料（1本分）
鶏ささみ1本　A（しょうゆ小さじ½　みりん小さじ⅓　塩少々　しょうが汁少々）片栗粉適量　揚げ油適量

作り方

1　ささみは筋を取り、縦に1本深めの切り込みを入れる。
2　小さい容器にAを合わせ、ささみを入れてからめ、5分くらいおく。
3　ささみに片栗粉をたっぷりとまぶし、揚げ油を熱して揚げ、中まで火を通す。
*　下味には香味じょうゆ（P.36参照）があれば、ささみ1本に対して小さじ½くらいからめることもあります。

たたききゅうりとわかめの酢のもの

材料（1人分）
たたききゅうりの甘酢漬け（P.105参照）のきゅうり約⅓本分　わかめ（戻したもの）10g　ちりめんじゃこ大さじ1　甘酢漬けの漬け汁大さじ1

作り方

1　ボウルにたたききゅうりの甘酢漬け、わかめを食べやすい長さに切ったもの、じゃこを入れ、甘酢漬けの漬け汁を加えてあえる。
*　たたききゅうりの甘酢漬けは、うちの常備菜のひとつ。そのままでも、組み合わせてもおいしく便利に使えます。

ゆでブロッコリーとウインナ炒め

材料（作りやすい分量）
ブロッコリー小房4～5個分　ウインナソーセージ1本　塩少々　マスタード適宜

作り方

1　ブロッコリーは小さめの小房に分け、塩を入れた熱湯でゆでる。ざるに上げ、水気をよくきる。
2　ウインナはフライパンに油を引かずに炒め、斜め半分に切り、楊枝に刺す。好みでマスタードを添える。

into a lunch box

2段のおべんとう箱の一方に雑穀ごはんを詰め、刻んだしば漬けをちらす。キャベツのせん切りを広げ、ささみの竜田揚げをのせ、すき間に梅干しをのせる。もう一方にゆでブロッコリーとウインナ炒めを詰め、プチトマトを合わせる。ウインナには好みでマスタードを。仕切りケースにたたききゅうりとわかめの酢のものを入れ、すき間にさつま揚げボールを半分に切って添える。

スペイン風オムレツべんとう

のり段々にしたごはんの上に、野菜たっぷりのスペイン風オムレツ。
この和洋がシンプルに入り混じったおべんとうには
どこか懐かしいおいしさがあって、ときどき作りたくなります。

スペイン風オムレツ

材料（1人分）
卵2個　ハム1枚　ピーマン1個　玉ねぎ¼個　にんじん5㎝長さ　サラダ油・塩・こしょう各適量　トマトケチャップ・マヨネーズ各適量

作り方

1　ハムは2等分にしてから5㎜幅の細切りにする。ピーマンは半分に切って種を除き、5㎜幅に切る。玉ねぎは2〜3㎜幅の薄切りにする。にんじんは細切りにする。

2　ボウルに卵を割りほぐし、軽く塩、こしょうをする。

3　小さいフライパンにサラダ油少々を熱し、①を入れて軽く炒め、塩、こしょうをする。

4　②に③を加えて軽く混ぜる。

5　フライパンにサラダ油大さじ1を足して④を流し入れ、弱火にして七〜八分通り火が通ったら返して両面を焼く。

＊　直径16㎝くらいのミニフライパンが1人分を焼くのにちょうどいい大きさで、樹脂加工のものが手軽です。

into a lunch box

おべんとう箱にごはん半量を詰め、削りガツオをちらしてしょうゆ少々をかけ、焼きのりを広げて残りのごはんを重ねる。スペイン風オムレツを食べやすく切ってその上にのせ、別容器にトマトケチャップ、マヨネーズを添えて好みでオムレツにつけていただく。さらに好みで野沢菜漬け、カリカリ梅、すだちを適宜添える。

ポテトサラダべんとう

ハムときゅうりと玉ねぎ入りの定番の味もいいですがゆで鶏を加えたカレー風味のチキンポテトサラダにも食欲がわきます。たっぷり詰めればこれだけでもおなかいっぱいです。

チキンポテトサラダ

材料(1～2人分)

鶏むね肉小¼枚(50g) A(酒大さじ½ 塩少々) じゃがいも1個(正味100g) きゅうり⅓本 セロリ30g マヨネーズ大さじ5 カレー粉小さじ2 顆粒コンソメ・塩・こしょう各少々

作り方

1 鍋に鶏肉がかぶるくらいの湯を煮立て、Aと鶏肉を入れる。もう一度煮立ったら火を弱め、落とし蓋をして5分くらいゆでる。火を止め、そのまま冷ます。

2 じゃがいもは皮をむき、4つ割りにして水にさらし、水気をきる。耐熱ボウルにペーパータオルを敷いてじゃがいもを入れ、ラップをして電子レンジで約2分加熱する。ペーパーを取り、熱いうちに軽くつぶし、コンソメをふる。

3 きゅうりは縦に6等分にしてから6～8㎜厚さに切る。セロリは筋を取り、きゅうりと同じくらいの大きさに切る。

4 ①の鶏肉は汁気を拭き、2～3㎝に手でさく。

5 マヨネーズにカレー粉を加えてよく混ぜる。

6 じゃがいもが冷めたら④の鶏肉、③のきゅうりとセロリを加え、⑤であえ、塩、こしょうで味を調える。

♣P.4～5で紹介したレシピ

プレーンポテトサラダ

材料(1～2人分)

じゃがいも1個(正味150g) きゅうり½本 玉ねぎ20g ハム1枚 マヨネーズ大さじ3 顆粒コンソメ少々 塩適量 こしょう少々

作り方

1 じゃがいもは皮をむき、4つ割りにして水にさらし、水気をきる。耐熱ボウルにペーパータオルを敷いてじゃがいもを入れ、ラップをして電子レンジで約3分加熱する。ペーパーを取り、熱いうちに軽くつぶし、コンソメをふる。

2 きゅうりは5㎜幅の小口切りにし、ボウルに入れて塩少々をふり、しばらくおいてしんなりしたら水気を絞る。

3 玉ねぎは薄切りにしてから長さを半分にし、水にさらし、水気をよくきる。ハムは3等分にしてから細切りにする。

4 じゃがいもが冷めたら②③を加え、マヨネーズであえ、塩、こしょうで味を調える。

into a lunch box

2段のおべんとう箱の一方にチキンポテトサラダを詰める。もう一方には焼きのりで巻いた塩おにぎり、好みのパンにジャムをサンドして詰める。すき間にかまぼこ、みぶ菜の漬けもの、さつま揚げボールと炒めウインナを串に刺したもの、すだちを適宜添える。

にんじんとツナのサラダべんとう

これは私のレシピの中でいつも人気ベスト3に入るサラダです。
今から20年以上前、冷蔵庫に大量に残っていたにんじんを見て思いついたもの。
サラダがメインのおべんとうには、肉のおかずを組み合わせて完成です。

にんじんとツナのサラダ

材料（4人分）
にんじん1本（200g）　玉ねぎ¼個
にんにくのごく細かいみじん切り小さじ1　ツナ缶小1缶　サラダ油大さじ1
A（白ワインビネガー大さじ2　粒マスタード大さじ1　薄口しょうゆ少々）
レモン汁適量　塩・こしょう各少々

作り方

1　にんじんは皮をむき、5～6㎝長さのせん切りにする。
2　玉ねぎは、にんにくにそろえてごく細かいみじん切りにする。
3　ツナ缶は開けて汁気をきる。
4　耐熱ボウルににんじんを入れ、玉ねぎとにんにく、サラダ油を加えて軽く混ぜる。ラップをして電子レンジで1～1分20秒加熱する。
5　レンジから取り出して軽く混ぜ、ツナとAを順に加えてよく混ぜる。最後にレモン汁を加え、塩、こしょうで味を調える。
＊　レンジ加熱でにんじんに火を通すのがポイント。生でもなく、ゆでたのとも違う、にんじんの歯ごたえが出ます。
＊　にんにくの香りが気になれば量を控えめにしてください。

焼き肉

材料（1人分）
牛薄切り肉30g　焼き肉のたれ（市販）大さじ1～2　サラダ油少々

作り方

1　牛肉は長さを半分に切る。
2　フライパンにサラダ油を熱し、牛肉を炒める。焼き肉のたれを加えて手早くからめ、火を止める。
＊　焼き肉のたれはふだん使っている好みの味のものを使います。

into a lunch box

2段のおべんとう箱の一方にごはんを詰めて焼き肉をのせ、フライパンに残ったたれをかけ、ごまをふる。すき間にはしば漬け適宜を添える。もう一方にはにんじんとツナのサラダを詰める。好みで小まんじゅうを食後の甘味に適宜添える。

野菜とイカの天丼べんとう

甘辛いつゆをからめた天ぷらをごはんにのせた天丼べんとうは
蓋をあけるころちょうどなじんで、できたてとは別のおいしさです。
カツオも角煮にしてちょっと入れるとごはんが進みます。

ひと口野菜とイカの天丼

材料（1人分）
イカの一夜干し適量　あり合わせの野菜（かぼちゃ・にんじん・玉ねぎ・いんげんなど）合わせて60～70ｇ　天ぷら粉大さじ1½　冷水大さじ1　揚げ油適量　天つゆ（だし汁大さじ2　しょうゆ大さじ1　砂糖小さじ2　みりん小さじ1）　ごはん適量

作り方

1　イカは2～3㎝角切り、かぼちゃ、にんじんは5～6㎜厚さのひと口大、玉ねぎは3㎝角切り、いんげんは1本を斜め3等分に切る。

2　小さいボウルに天ぷら粉・冷水各大さじ1を入れて溶き混ぜ、①の材料を加える。手早くからめ、さらに天ぷら粉大さじ½をまぶす。

3　揚げ油を熱して野菜とイカを1切れずつにして揚げ、中まで火を通す。

4　天つゆの調味料を小鍋に合わせてひと煮立ちさせ、火を止める。

5　揚げたての天ぷらを④にからめ、ごはんにのせる。好みで残った天つゆをかける。

＊　野菜は冷蔵庫に少しずつ余っているものでよく、小さく切って揚げるとすぐに火が通ります。

カツオの角煮

材料（作りやすい分量）
カツオ（生）100ｇ　しょうが小1片分　A（しょうゆ大さじ1　みりん大さじ1　酒大さじ1　砂糖小さじ1）

作り方

1　カツオは2㎝角に切る。しょうがは薄切りにする。

2　小鍋にAの調味料を合わせて煮立て、カツオとしょうがを加え、汁気が少なくなるまで煮含める。

into a lunch box

2段のおべんとう箱の一方にひと口野菜とイカの天丼を詰め、すき間にカツオの角煮、みぶ菜の漬けものにごま、おかかをふったものを添える。もう一方には、好みのチーズ、小さなマフィン、好みのパンにジャムをサンドしたもの、いちごを適宜詰める。

ひと口いなりべんとう

おいなりさんは、ふだんは油揚げ1枚を2等分して作りますがおべんとうでは4等分にしてひと口サイズにしています。サンドイッチも組み合わせればちょっとしたピクニックべんとうに。

ひと口いなり

材料（8個分）
油揚げ2枚　A（だし汁¼カップ　しょうゆ大さじ½　みりん大さじ1　酒大さじ1　砂糖大さじ1）　B（だし汁¼カップ　しょうゆ小さじ2　砂糖大さじ1）　すし酢（酢大さじ3　砂糖小さじ2　塩小さじ½）　ごはん2膳分

作り方

1　油揚げは長さを半分に切って袋状に開く。熱湯で油抜きし、ざるに上げて軽く水気を絞り、さらに半分に切る。
2　小鍋にAを合わせて煮立て、油揚げを広げて入れ、落とし蓋をして弱火で5分ほど煮る。
3　Bの調味料を合わせて②に加え、ときどき返しながらさらに煮汁が少なくなるまで煮含める。火を止め、そのままおいて味を含ませる。
4　小さいボウルにすし酢の材料を合わせ、砂糖と塩が溶けるまで混ぜる。
5　温かいごはんに④を加えてさっくりと合わせ、等分して小さく丸め、③の油揚げに詰める。
＊　すし飯の量は好みで加減し、少ないときは端を折り込みます。油揚げの袋状の角まですし飯が詰まっていると形よく見えます。
＊　油揚げは、油抜きしてから4等分すると煮くずれしづらくなります。

ハムチーズサンド

材料（1人分）
ハム1枚　スライスチーズ1枚　バター適量　食パン（10枚切り）2枚

作り方

1　食パンの片面に薄くバターを塗る。
2　①のパンにハム、チーズをのせ、もう1枚でサンドする。
3　軽く押さえて食パンの耳を切り落とし、4等分に切る。

into a lunch box

2段のおべんとう箱の一方にひと口いなりを詰め、すき間にかまぼこ、きゅうりのしば漬けを添える。もう一方にハムチーズサンドを詰め、すき間にいちご、食後の甘味にひと口カステラ、好みのティーバッグなどを適宜添える。

column 1　そのまますき間おかず

手をかけずにすぐ一品！
買い置きもきくので便利です。

薄切りハム

焼きタラコ・明太子

アサリの佃煮

梅干し・カリカリ梅

さつま揚げボール

炒めウインナ

きゅうりのしば漬け

小型のかまぼこ

鮭フレーク

プチトマト

ちりめんじゃこ

おべんとうの思い出 ❶ 子どもの気持ち

私が子どものおべんとう作りを始めたのは、料理の仕事を始めた時期と前後しています。今にして思えば、もっと手をかけてあげればよかったという心残りがあります。ただ、真っ只中にいるときは、限られた時間の中で一生懸命でした。いつだったか息子と子どものころのおべんとうの話になったとき「忙しかった中でよく工夫して作ってくれたなと思うよ」と言っていました。私としてはちゃんとやれなかったと悔いていたところも、子どもの目はもっと冷静に、仕事もして家庭のことも精一杯やっている母親を見てくれていたのですね。

2

前日のおかずに助けられる日

「好きなものなら前の日のおかずがおべんとうになってもいい」と
うちの子どもたちもよくいっていました。
忙しいときはそれも大助かりですが、ちょっとひと工夫を加えれば
残ったものに見えない、新しいおかずに進化してくれます。

鶏のから揚げは何個か残しておき、翌日は甘酢あんを煮からめます。

うちのから揚げの中でも、このレシピは味つけも揚げ方もとても簡単。急ぎのつまみにも重宝します。味がよくしみて火通りも早いように鶏肉は小さめに切り、味つけは香味じょうゆ。これはにんにくとしょうがをしょうゆに漬けるだけで深い味わいが出る調味だれです。衣には天ぷら粉をまぶすだけでカリッと揚がり、冷めても変わらないおいしさです。

から揚げの甘酢あんべんとう

鶏のから揚げを温め直し、さらに食欲を誘う甘酢あんをからめます。
おべんとうの気楽さで、余ったにんじんも加えてみたらおいしくてびっくり。
ごはんを小分けして詰めたら、2つの味変わりべんとうになりました。

鶏のから揚げ

材料（4人分）
鶏もも肉2枚（500ｇ）　香味じょうゆ（右記参照）大さじ2　塩少々　天ぷら粉大さじ5　揚げ油適量　すだち適宜

作り方

1　鶏肉は2～3㎝角に切り、ボウルに入れる。
2　①に香味じょうゆ、塩を入れ、よくからめる（a）。
3　②に天ぷら粉大さじ3を加えて全体にまぶす（b）。さらに天ぷら粉大さじ2をふり、軽く合わせる。
4　揚げ油を熱して③を揚げ、中まで火を通す（c）。
5　揚げたてを器に盛り、すだちをくし形や半分に切って添える。

便利なたれ・ソース

香味じょうゆ

材料と作り方（作りやすい分量）
しょうゆ1カップに、にんにくの薄切り2～3片分、皮をむいたしょうがの薄切り小1片分を加える。すぐにでも使えるが、冷蔵庫で1～2日おくと味がよくなじむ。
＊　作りおくと野菜炒め、チャーハン、焼きそばなどの調味に役立つ。

a

b

c

から揚げの甘酢あん

材料（1人分）
鶏のから揚げ（P.36参照）3個　にんじん6㎝長さ　A（すし酢大さじ3　砂糖大さじ1　レモン汁少々）　片栗粉・水各小さじ1弱

作り方

1　にんじんは2㎝幅の輪切りにし、平らにラップで包んで電子レンジで約1分加熱する。から揚げはホイルに包んでオーブントースターなどで温める。

2　鍋にAを合わせて火にかける。煮立ったら水で溶いた片栗粉でとろみをつけ、から揚げとにんじんを入れ、手早くからめる。

＊　にんじんの代わりに、パプリカなどを切ってそのまま加えてもいいです。

ほうれん草のごまあえ

材料（1人分）
ほうれん草50g　A（練りごま大さじ1　砂糖・しょうゆ各少々　すりごま小さじ1）

作り方

1　ほうれん草はかためにゆでて冷水にとり、水気をよく絞り、2〜3㎝長さに切る。

2　ボウルにAの材料を混ぜ合わせ、ほうれん草の水気をさらに絞って加え、よくあえる。

＊　調味にはごまだれ（P.63参照）があれば、大さじ2くらい加えてあえると手早くできます。

ちくわのチーズ焼き

材料（2個分）
ちくわ（太めのもの）3〜4㎝長さ　マヨネーズ小さじ1　ピザ用チーズ10g

作り方

1　ちくわは縦半分に切り、内側にマヨネーズを塗り、ピザ用チーズをさらに刻んでふる。

2　予熱したオーブントースターでチーズが溶けるまで焼く。

into a lunch box

2段のおべんとう箱に雑穀ごはんを半量ずつ分けて詰め、一方にはから揚げの甘酢あんとほうれん草のごまあえを盛り、ごはんにはカリカリ梅を添える。もう一方にはキャベツのせん切り適量にちくわのチーズ焼きをのせ、ごはんにもみのりを適宜ふる。

煮込みハンバーグは
たねの一部を
スコッチエッグにすると
全く違うものに変身。

表面に焼き色をつけたハンバーグを手作りデミグラスソースで煮込めば、火通りに迷うこともなく、仕上がりもジューシー。いっしょに煮込んだ野菜はそのままつけ合わせになってくれます。ごはんとの相性も抜群で、うちではカレーのようにかけて食べることも。ハンバーグのたねは牛ひき肉と豚ひき肉を別々に用意して混ぜると、脂身なども加減できておすすめです。

スコッチエッグべんとう

切り口が目を引くスコッチエッグは、おべんとうでもちょっとしたごちそう。前日のハンバーグだねを少し取り分けておけば手間はかかりません。油揚げとひじきの煮ものも1つの煮ものが2つのおかずになって便利です。

煮込みハンバーグ

材料(4人分)

ハンバーグだね〔牛ひき肉(細びき) 200g　豚ひき肉(細びき) 200g 玉ねぎ½個　卵1個　パン粉・牛乳各大さじ3　塩小さじ⅓　こしょう少々〕 じゃがいも小4個　にんじん1本　ブラウンマッシュルーム1パック　ブロッコリー小1株　スープ(水1½カップ　顆粒コンソメ小さじ½)　サラダ油少々　赤ワイン½カップ　手作りデミグラスソース(P.41参照) 1カップ ローリエ1枚　塩・こしょう各少々

作り方

1　ハンバーグだねを作る。玉ねぎは1cm角に切る。パン粉は牛乳をかけておく。ボウルにひき肉、玉ねぎ、卵、ふやかしたパン粉、塩、こしょうを入れてよく混ぜ合わせる。

2　じゃがいもは皮をむき半分に切り、水にさらして水気をきる。にんじんは皮をむき、2cm幅の輪切りまたは半月切りにする。マッシュルームは石づきを取る。ブロッコリーは小房に分け、かためにゆでて冷水にとり、水気をきる。

3　鍋にスープを煮立て、じゃがいもとにんじんを入れ、煮立ったらローリエを加え、落とし蓋をして野菜が八分通りやわらかくなるまで煮る。

4　①を等分して丸く形作り、フライパンを熱してサラダ油をなじませ、表面を香ばしく焼く。赤ワインを回しかけ、アルコール分を飛ばす。

5　③の鍋にマッシュルーム、手作りデミグラスソースを加えてひと煮立ちさせ、④のハンバーグを焼き汁ごと鍋に移す(a・b)。

6　しばらく煮てなじんだらブロッコリーを加え、塩、こしょうで味を調える。

＊　市販のデミグラスソース1缶(290g)を加え、仕上げにトマトケチャップ大さじ2〜3、ウスターソース小さじ1〜2、塩、こしょう各少々で調味することもあります。

＊　ハンバーグだねは、ふつうに成形すればおいしいハンバーグになります。

a

b

便利なたれ・ソース

手作りデミグラスソース

材料と作り方(約4カップ分)

1　深めのフライパンにバター100g を溶かして薄力粉100g をふり入れ、弱火でていねいに炒める(a)。

2　香ばしい香りがたって茶褐色に色づき、さらりとしたソース状になるまで炒める。

3　②に赤ワイン½カップを少しずつ加えて混ぜ、トマトケチャップ250〜300 mℓ、ウスターソース大さじ2、トンカツソース大さじ3〜4、スープ(顆粒コンソメ大さじ1を湯3カップで溶いたもの)、ローリエ2枚を加えて煮る。

4　アクが出たら取り、ときどき混ぜながら弱火で10分ほど煮詰め(b)、塩、こしょう各少々をふる。

*　ビーフシチュー、ミートソースにも利用。

a

b

うずら卵の スコッチエッグ

材料(2個分)

ハンバーグだね(P.40参照) 100g　うずら卵(かためにゆでたもの) 2個　薄力粉・溶き卵・パン粉各適量　揚げ油適量　トマトケチャップ・ソース各適宜

作り方

1　うずら卵は殻をむき、薄力粉をまぶす。等分して広げたハンバーグだねにのせ、なるべく均等な厚さに包む。

2　薄力粉、溶き卵、パン粉の順に衣をつけ、揚げ油を熱して揚げ、中まで火を通す。

3　粗熱がとれたら半分に切り、ケチャップと好みのソースを添える。

油揚げとひじきの煮もの

材料(作りやすい分量)

油揚げ1枚　芽ひじき(乾) 10g　にんじん30g　だし汁½カップ　A(しょうゆ・みりん各大さじ2　砂糖・酒各大さじ1)すりごま適量

作り方

1　油揚げは油抜きし、4等分に切る。ひじきは洗ってから戻し、水気をよくきる。にんじんは皮をむき、細く切る。

2　小鍋にだし汁とAの調味料を合わせて煮立て、油揚げを入れる。しばらく煮て味がなじんだら、油揚げを取り出す。

3　ひじきとにんじんを入れ、ときどき混ぜながら汁気がほとんどなくなるまで煮る。火を止め、すりごまをふる。

*　大きめに切った油揚げはごはんを詰めていなりごはんにしても。ひじきの煮ものはごはんに混ぜてもおいしい。

into a lunch box

おべんとう箱に雑穀ごはんを詰め、うずら卵のスコッチエッグを2等分して切り口を見せるように詰め、ケチャップやソースを添える。
油揚げとひじきの煮ものは別々にしてのせ、すき間にきゅうりのしば漬けを添える。

多めに揚げた
豚カツは
翌日、甘辛く煮て
卵でとじます。

豚肉といえば脂身のほどよく交ざった肩ロースがうちは大好き。もちろん豚カツも厚切りの豚肩ロース肉をよく使います。揚げたてを切り分け、キャベツのせん切りを山盛り添えれば迫力のメインディッシュができ上がり。口に入れれば衣はサクサクッ、中はしっとり。おもてなしではひと口カツも好評なので大小サイズに衣をつけていつも冷凍庫にストックしています。

カツ丼べんとう

家庭で揚げた豚カツは冷めてもクセがなくておいしいから
翌日は煮汁でさっと煮て卵でとじ、カツ丼にすることが多いです。
おべんとうではとじた卵は中まで火を通すと昼まで安心です。

豚カツ

材料（4人分）

豚肩ロース肉（2㎝厚さのもの）4枚　塩・こしょう各少々　薄力粉・溶き卵・パン粉各適量　揚げ油適量　キャベツのせん切り適量　和がらし・好みのソース各適量

作り方

1　豚肉は早めに冷蔵庫から出しておく。

2　キャベツはせん切りにし、氷水に放してパリッとさせ、水気をよくきってから、冷蔵庫で冷やしておく。

3　豚肉は反り返らないように筋切りをし（a）、軽く塩、こしょうをする。

4　薄力粉をむらなくつけたら、全体に溶き卵をからめ、パン粉を押さえるようにつける（b～d）。

5　揚げ油を熱してカリッと揚げ、中まで火を通す。途中、空気に触れるように持ち上げて（e）、揚げ油に戻すと2度揚げのようになり、カリッとする。

6　網に上げて余分な油をきり、食べやすく切る。

7　器にキャベツを盛って豚カツをのせ、和がらしを添え、好みのソースをかけていただく。

＊　ひと口カツの場合は、豚肉を大きめのひと口大に切り、同様に衣をまぶします。カツサンドなどに重宝します。

a

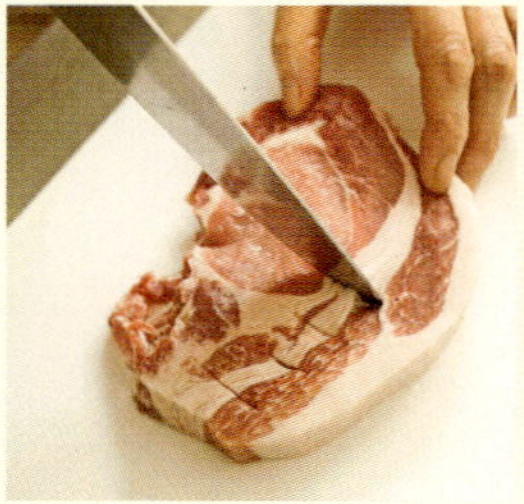

b

c

d

e

豚カツの卵とじ

材料（1人分）
豚カツ1/3枚　玉ねぎ1/4個　卵1個　だし汁1/4カップ　A（しょうゆ大さじ1　みりん大さじ1/2　砂糖大さじ1）

作り方

1 豚カツは食べやすい大きさに切る。玉ねぎは3～4㎜幅の薄切りにする。
2 卵は溶きほぐす。
3 鍋にだし汁とAを合わせて火にかけ、玉ねぎを加えて少し煮る。
4 豚カツを加えてしばらく煮る。
5 溶き卵を回しかけ、蓋をして1～2分ほど煮て火を通す。
＊ あれば三つ葉などを仕上げにのせて軽く火を通すと香りがよくなります。

カツオの塩焼き

材料（1人分）
カツオ（刺身用）2切れ　塩少々

作り方

1 カツオの両面に塩をふる。
2 焼き網を熱し、①をのせて両面をよく焼く。
＊ 切り身魚の場合は1切れを2～3等分くらいに切って使います。サワラやサバなども同様の塩焼きにするとおいしいものです。

いんげんのおかかあえ

材料（1人分）
さやいんげん30g　削りガツオ小1袋（3g）　しょうゆ適量

作り方

1 さやいんげんは筋を取り、斜め3等分に切ってからゆでる。冷水にとり、水気をよくきる。
2 ボウルに①を入れ、削りガツオをまぶし、しょうゆをかける。

into a lunch box

2段のおべんとう箱の一方にごはんを詰め、豚カツの卵とじをのせ、すき間に紅しょうがを適宜添える。もう一方には、カツオの塩焼きを盛り、仕切りカップにいんげんのおかかあえを詰める。すき間にたたききゅうりの甘酢漬け（P.105参照）、すだちを適宜添える。

column 2　前もってできること

1つ1つは小さなことでも
続けていると毎日が楽になります。

材料を切っておく

朝、限られた時間の中でおべんとうを作るには、夕食作りの合間に材料を洗ったり、切ったりしておく、それを習慣にするだけでもずいぶん楽になります。例えばオムライスなら鶏肉、ピーマン、玉ねぎを切り、ラップに包んで冷蔵庫に入れておけば、翌朝はすぐに炒めるところから始められます。肉や魚のみそ漬けなども前日、みそだれに漬けておけば朝は焼くだけです。

素材は小分けして冷凍

豚のしょうが焼きは薄切り肉2～3枚、筑前煮は鶏肉¼枚、高野豆腐のひき肉あんならひき肉50gと、おべんとうのおかず1回に使う肉の量はごくわずか。そこで素材は小分けにし、なるべく薄く包み冷凍保存します。切り身の鮭も1切れを2～3等分にしておけば早く火が通り、すき間にも詰めやすいもの。うちでは煮ものに役立つさつま揚げなども1枚ずつ冷凍します。

おかずを
ケースごと保存

例えば、ごぼうのきんぴらや油揚げの甘煮、かぼちゃのサラダといった冷解凍してもあまり味の変わらないものは、シリコン製などの冷凍可能な仕切りケースに詰めて冷凍保存しておきます。朝、もう一品何かほしいときにおべんとうに詰めれば、昼には解凍されて食べごろ。保冷剤代わりにもなります。ただし手作りの味わいが落ちないうち、早めに使いきります。

フライものは
衣までつけて冷凍

おべんとう用の揚げものは、ひと口かふた口サイズに小さく成形するのがコツ。パン粉まで衣をつけたら保存袋などに入れて冷凍し、必要な分だけ解凍して揚げます。凍ったままより解凍したほうが短時間で揚がるので、前の晩冷蔵庫に移して自然解凍。少量なら揚げるのも小鍋で十分です。フライものは時間のあるときに多めに冷凍しておくと、ふだんのごはんでも大助かり。

たれ・ソースを
作りおく

使い勝手のよい手作りのたれ・ソースは、ふだんの料理だけでなくおべんとうでも便利です。例えば納豆や卵かけごはんに重宝する万能昆布しょうゆ。ゆでたほうれん草にかけてさっとあえ、水気を絞ってすりごまやおかかをまぶせば、水気をおさえたおひたしになります。材料を混ぜるだけのごまだれも、ブロッコリーやいんげんなどをごまあえに変える便利だれです。

おべんとうの思い出 ❷ 受験べんとう

受験のときに持たせたおべんとうのことで、今でも息子は「なんか変わってたよね」と思い出し笑いをします。それは縁起をかついだ、カツ丼べんとうでした。すき間には、たまたま前日の結婚式でいただいた引き出物のようかんを小さくして詰め、さらに寿の箸袋もつけておきました。甘いものは元気が出るし、お箸はおめでたいものだから。それに蓋をあけたとき、ちょっと笑えたら緊張もほぐれるのではと、当時の私は思ったのでしょう。本人は苦笑いだったようですが、試験結果をみるとその効きめはちゃんとあったようです。

3

メインのおかずが決まっている日

家族のリクエストに応えてメインが決まる日もあれば
冷蔵庫の中の肉や魚、野菜を見て決まる日もあります。
煮ものや魚のみそ漬けなら晩のうちに準備し、
しょうが焼きなどは朝、早めに肉を出すと手際よく進みます。

しょうが焼きべんとう

しょうが焼きの豚肉はたれに長くつけると肉がかたくなるので、からめる程度に味をつけたら手早く焼くのが私のやり方です。肉がメインのおべんとうには野菜のおかずも意識して多めに。

豚のしょうが焼き

材料(1人分)
豚肩ロース薄切り肉2〜3枚　しょうゆ・みりん各大さじ1　しょうがのすりおろし小さじ1　サラダ油適量

作り方

1 豚肉は冷蔵庫から早めに出しておく。
2 しょうゆ、みりん、しょうがのすりおろしを合わせてたれを作る。
3 フライパンにやや多めのサラダ油を熱する。豚肉を1枚ずつ広げてたれをからめ、軽く汁気をきって入れ、両面をこんがりと焼く。
＊ おべんとうではしょうが焼きをごはんの上に盛りつけることが多いですが、青梗菜のソテー(P.62)やキャベツのせん切り、もみのりなどを間にはさむとごはんに脂がしみすぎません。

ホタテのフライ

材料(8個分)
ホタテ貝柱8個　青じそ4枚　塩・こしょう各少々　薄力粉・溶き卵・パン粉各適量　揚げ油適量

作り方

1 ホタテは横に切り込みを入れ、1個につき青じそ½枚をはさむ。
2 ホタテに軽く塩、こしょうをふり、薄力粉、溶き卵、パン粉の順にフライ衣をつける。
3 揚げ油を熱し、②をカリッと揚げる。
＊ 冷凍する場合は、ホタテに青じそをはさまず、フライ衣だけをつけて保存しておきます。

菜の花と塩昆布の浅漬け

材料(作りやすい分量)
菜の花2束(正味300g)　塩少々　塩昆布15g

作り方

1 菜の花はかたい根元の軸を切り落とし、長さを3等分にする。
2 沸騰した湯に塩を入れ、①をかためにゆでて冷水にとり、水気を絞る。
3 漬けもの容器に菜の花と塩昆布を入れて軽く混ぜ、重しをして冷蔵庫に入れて1晩おく。
＊ 日持ちは冷蔵庫で2〜3日くらい。緑の色が鮮やかなうちに早めに食べきりましょう。

into a lunch box

おべんとう箱に雑穀ごはんを詰め、青梗菜のソテー(P.62参照)をのせ、その上に豚のしょうが焼きを盛る。サラダ菜を仕切りに使ってかぼちゃサラダ(P.60参照)、たけのこのマリネ(P.62参照)を詰め、キャベツのせん切りを敷いてホタテのフライを楊枝に刺してのせる。すき間に水気を絞った菜の花と塩昆布の浅漬け、焼きタラコ1切れ、赤かぶの漬けものを適宜添える。

筑前煮べんとう

煮ものを主役にするなら味のしっかりしみた筑前煮がおすすめです。
甘辛のこっくりとした味は、冷めると味を含んでおべんとうのいいおかずに。
前日に煮ておけば、朝は温め直して詰めるだけだから簡単です。

筑前煮

材料（作りやすい分量）
鶏もも肉¼枚（70g）　ごぼう70g　にんじん（細め）60g　れんこん100g　こんにゃく½枚（120g）　サラダ油少々　A（だし汁¼カップ　しょうゆ・みりん各大さじ2　砂糖大さじ1）

作り方

1　鶏肉は1.5～2㎝角に切る。ごぼうは皮をそぎ、7～8㎜幅の斜め薄切りにして水にさらし、水気をよくきる。にんじんは皮をむき、7～8㎜幅の輪切りか半月切りにする。こんにゃくは下ゆでしてアクを抜き、小さくちぎる。れんこんは皮をむき、2㎝幅のいちょう切りにして水にさらし、水気をよくきる。

2　小鍋にサラダ油を熱し、鶏肉を炒める。鶏肉に焼き色がついてきたらごぼう、にんじん、こんにゃく、れんこんの順に加えて炒める。

3　Aを加え、煮立ったらアクを取り、落とし蓋をして煮汁が少なくなるまで煮含める。

*　ここではおべんとう向きの少量レシピで紹介します。ふだん、おかずとして作るときは材料の量を増やし、切り方も大きくするとボリューム感が出ます。

オムレツの
グリーンピースあんかけ

材料（1人分）
オムレツ（卵1個　塩・こしょう・サラダ油各少々）　グリーンピースあん〔グリーンピース（冷凍）大さじ2　A（だし汁¼カップ　みりん小さじ1　薄口しょうゆ小さじ½　塩少々　砂糖ひとつまみ）　片栗粉小さじ½　水小さじ1〕

作り方

1　グリーンピースあんを作る。グリーンピースは熱湯をかけて解凍し、水気をよくきる。小鍋にAを合わせて煮立て、水溶き片栗粉でとろみをつける。グリーンピースを加えて火を止め、からめる。

2　オムレツを作る。卵を溶きほぐし、軽く塩、こしょうする。小さいフライパンにサラダ油を熱し、卵液を流し入れ、手早くまとめる。

3　②に①をかける。

*　冷めるとかたさが出るオムレツには薄味のあんをかけておくと、しっとりしておいしく食べられます。

into a lunch box

おべんとう箱に玄米ごはんを詰め、筑前煮、オムレツのグリーンピースあんかけを入れる。すき間には、根三つ葉の茎の甘酢漬け（P.105）にちくわの小口切りをあえ、軽く汁気をきって炒りごまをふったものを詰め、ブロッコリーのごまあえ（P.63参照）、焼き鮭小1切れを詰めてすだちを適宜添え、ごはんには根三つ葉の葉とじゃこ炒め（P.60参照）をのせる。

野菜の肉巻きべんとう

しゃぶしゃぶ用の牛肉でごぼうとにんじんを巻き、甘辛く煮ます。
ゴロンと大きいまま、まとめて煮るレシピなので
切り方によっておべんとうにも、ふだんのおかずにも役立ちます。

ごぼうとにんじんの牛肉巻き

材料（合わせて6本分）
牛しゃぶしゃぶ用肉150g　ごぼう12cm長さ3本　にんじん（細いもの）12cm長さ3本　だし汁1カップ　A（しょうゆ大さじ3　みりん大さじ1　酒大さじ1　砂糖大さじ2）

作り方

1　ごぼうは皮をそぎ、水にさらしてから下ゆでをする。にんじんは皮をむく。
2　牛肉を広げてごぼうとにんじんをそれぞれ巻く。肉は煮ると縮むので両端は1cmくらい余分に巻くとよい。
3　鍋にだし汁とAの調味料を合わせて煮立て、②を加える。落とし蓋をして弱火で15～20分、途中で一度上下を返しながら煮る。
4　そのまま冷まし、食べやすい幅に切り分ける。

春雨ときゅうりの酢のもの

材料（2人分）
春雨（乾）10g　きゅうり½本　塩少々　ちくわ½本　A（酢大さじ½　砂糖小さじ1　薄口しょうゆ・ごま油各少々）

作り方

1　春雨は熱湯で戻して食べやすい長さに切る。きゅうりは小口切りにして塩をふり、しんなりしたら水気を絞る。ちくわは小口切りにする。
2　ボウルにAを合わせ、①を加えてよくあえる。

卵焼き

材料（1人分）
卵1個　砂糖小さじ2　塩・酒・サラダ油各少々

作り方

1　ボウルに卵を溶きほぐし、砂糖、塩、酒を加えてよく混ぜる。
2　フライパンにサラダ油を熱し、①を流し、大きく混ぜて木の葉形にまとめる。冷めたら食べやすく切る。
*　甘く味つけしているので、冷めてもしっとりしておいしく感じます。

into a lunch box

おべんとう箱にごはんを詰め、仕切りをしてごぼうとにんじんの牛肉巻きの切り口を上下にして詰める。卵焼きには好みでマヨネーズを適宜塗る。春雨ときゅうりの酢のものは汁気があるので、仕切りカップなどに詰める。すき間に好みでしば漬けを添え、ごはんにはのりとごまのふりかけ、じゃこをふる。好みでバターロールを添え、卵焼きをはさんで食べても。

銀ダラのみそ漬けべんとう

みそ漬けはおべんとう向きで、銀ダラをはじめ、生鮭、ホタテなどの魚介から、豚肉、牛肉、鶏肉、さらにきゅうりなどの野菜でもおいしく作れます。合わせたピーマンの肉詰めは、うちの娘が大好きなおかずです。

銀ダラのみそ漬け

材料（4人分）

銀ダラ2切れ　塩少々　みそだれ（右記のみそだれに砂糖大さじ2を足したもの）大さじ6～8

作り方

1　銀ダラは1切れを3～4等分にし、両面に軽く塩をふり、網にのせて10分くらいおき、表面の水気を拭く。

2　銀ダラ1切れにつき、広げたラップにみそだれ大さじ1を塗り、銀ダラをのせて全体にたれがからむように包む。冷蔵庫に入れ、1晩おく。

3　みそだれをていねいにぬぐい、熱した焼き網で焼いて中まで火を通す。

便利なたれ・ソース

みそだれ

材料と作り方（作りやすい分量）

1　鍋にみそ200g、酒¼カップ、みりん½カップ、砂糖25gを合わせ、よく混ぜてから中火にかける。

2　ふつふつとしてきたら弱火にし、焦がさないように混ぜながら約10分煮詰める。

＊　みそだれは、ぬたやみそ炒め、みそ味の鍋ものの調味にも便利です。保存がきくので倍量で作っても。その場合、煮詰める時間は20～30分にします。

＊　みそ漬けの漬けだれに使うときは、左のように材料や好みで砂糖をさらに足してます。

ごぼうのきんぴら

材料（2人分）

ごぼう160g　サラダ油大さじ1　A（しょうゆ大さじ2　みりん大さじ1　砂糖大さじ1）　和風だしの素少々　赤唐辛子の小口切り適宜

作り方

1　ごぼうは皮をむいて3㎝長さのせん切りにし、水にさらし、水気をよくきる。

2　フライパンにサラダ油を熱し、ごぼうを炒める。Aを加えて手早くからめ、だしの素を加え、好みで赤唐辛子を入れる。

To next page

ピーマンの肉詰め

材料（2個分）
ピーマン1個　合いびき肉50ｇ　A（玉ねぎみじん切り大さじ1　薄力粉小さじ½　塩・こしょう各少々）　サラダ油少々　トマトソース（右記参照）大さじ1～2　中濃ソース少々

作り方

1　合いびき肉にAを順に加えて、よく練り混ぜる。

2　ピーマンは縦半分に切って種を除く。内側に薄力粉（分量外）を薄くふり、①を等分にして詰める。

3　小鍋にサラダ油を熱し、ピーマンを肉の面から入れて焼き、焼き色がついたら返して中まで火を通す。トマトソース、中濃ソースを加えて煮からめる。

＊　野菜を増やしたいときは、ひき肉の中にさらにごぼうのささがきを加えたりしています。

便利なたれ・ソース

トマトソース

材料と作り方（約2カップ分）

1　玉ねぎ大¼個は粗みじん切り、にんにく1片は細かいみじん切りにする。

2　フライパンにオリーブ油大さじ2を熱し、にんにくを炒めて香りが出たら、玉ねぎを加えて炒める。トマト水煮1缶を缶汁ごと加えてつぶし、ローリエ、バジル、タイム、オレガノなどのハーブ適量を加えてしばらく煮る。ハーブを取り除き、顆粒コンソメ小さじ1、塩・こしょう各少々で調味する。

＊　トマト煮やナポリタンの調味、ピザやオムレツのソースにも便利です。

into a lunch box

おべんとう箱に白いごはんを詰め、銀ダラのみそ漬け、ピーマンの肉詰めを詰め合わせる。仕切りケースなどを使ってもやしの辛み漬け（P.105参照）を入れ、ごはんの上にごぼうのきんぴら、好みでしば漬けを適宜添える。

12
9
3
6

少量だからさっと作れて
詰めればバランスもよくなります。

根三つ葉の葉とじゃこ炒め

材料と作り方（1～2人分）

1　根三つ葉の葉部分20gは1cm幅に切る。
2　フライパンにサラダ油少々を熱し、ちりめんじゃこ大さじ2を炒めてから①を加えてさっと炒め、しょうゆ小さじ2を入れて手早くからめ、火を止める。
3　削りガツオ・白炒りごま各大さじ1を加えて混ぜる。
＊　残った茎の部分はP.105を参照。

かぼちゃサラダ

材料と作り方（1人分）

1　かぼちゃ2片（正味60g）は種とワタを取り、皮をむく。ベーコン⅓枚はせん切りにする。
2　耐熱容器にペーパータオルを敷き、かぼちゃを入れ、ベーコンをのせる。ラップをふわっとかけ、電子レンジで約1分30秒加熱する。
3　②のペーパーをはずし、かぼちゃは軽くつぶす。冷めたらマヨネーズ大さじ½～1であえ、塩・こしょう各少々で味を調える。

ほうれん草とツナの
マヨネーズあえ

材料と作り方（1人分）

1　ほうれん草60gは2cm長さに切り、ゆでて冷水にとり、水気を絞る。

2　ツナ小¼缶は缶から出して汁気をきる。

3　ボウルに①、②を合わせ、マヨネーズ大さじ1であえ、塩・こしょう各少々で味を調える。

絹さやのおひたし

材料と作り方（1人分）

1　絹さや20gは筋を取り、ゆでて冷水にとり、水気をかたく絞る。

2　削りガツオ大さじ1をのせ、万能昆布しょうゆ(P.104参照)またはしょうゆ少々をかける。

*　緑野菜の足りないときに便利です。ゆでたあとに手でぎゅっと絞ると絹さやの繊維がやわらかくなって味がよくしみます。

歯ざわりのよいものや
季節感のある素材も使いましょう。

たけのこのマリネ

材料と作り方（1～2人分）

1 ゆでたけのこの穂先部分40gは薄切りにし、ボウルに入れる。

2 顆粒コンソメ・オリーブ油・こしょう・レモン汁各少々であえ、仕上げにパルメザンチーズのすりおろし大さじ1～2、さらにこしょう少々をまぶす。

青梗菜のソテー

材料と作り方（1人分）

1 青梗菜2枚は長さを3等分し、さらに縦4等分にする。

2 フライパンにサラダ油少々を熱し、①を炒め、塩・こしょう各少々で調味する。

＊ ていねいにするなら、先に茎を入れて少し炒め、あとから葉を加えると火の通りが揃います。

れんこんの梅肉あえ

材料と作り方（1人分）

1 れんこん小¼節（正味25g）は皮をむき、薄いいちょう切りにし、水にさらしてざるに上げる。熱湯でさっとゆで、水気をよくきる。

2 梅肉（梅干しの実をたたいたもの）、しょうゆ各小さじ½を混ぜ、①のれんこんをあえ、削りガツオ少々を混ぜる。仕上げに青じそ1枚を細かく刻んでまぶす。

ブロッコリーのごまあえ

材料と作り方（1〜2人分）

1 ブロッコリー50gは小房に分けてひと口大に切る。ゆでて冷水にとり、水気をよくきる。

2 ボウルにごまだれ（左記参照）大さじ2を用意する。または練りごま大さじ1、砂糖・しょうゆ各少々、すりごま小さじ1を混ぜ合わせる。

3 ①の水気をさらに拭いて、②であえる。

＊ ごまだれはまとめて作っておくと、野菜のごまあえはもちろん、みそ汁や煮ものに加えたり、酢や豆板醤などを加えて四川風ソースにも活用できます。

便利なたれ・ソース

ごまだれ

材料と作り方（作りやすい分量）

1 ボウルに練りごま½カップを入れ、砂糖80gを加えてよく混ぜる。

2 さらにしょうゆ½カップ、すりごま1カップを順に加え、そのつどよく混ぜる。

おべんとうの思い出 ❸ ミニフライパン

直径16㎝のフライパンは、おべんとう作りに欠かせません。写真奥の私が作ったフッ素樹脂加工のちょっと深めのタイプは、少量の煮ものや野菜炒め、揚げものなどに重宝で、おべんとう用フライパンという名前で今ではすっかりロングセラーです。手前のすっきりしたシルエットの浅いタイプは新作で、1人分の目玉焼きを作ったり、ウインナを1、2本炒めたりするにも無駄のない形です。毎日使うものだから色もきれいなほうが楽しく仕事がはかどる気がします。その色を長く保ちたいと思うと、あとの手入れも自然と習慣になっていくものです。

4

そぼろマニアのおべんとう

ほろほろっとした身に煮汁を含んだそぼろの食感は
白いごはんにのせて食べるのがいちばん合います。
材料はおもに肉か魚。シンプルなのに奥が深い
そぼろべんとうは子どもから大人まで大好きです。

うちの鶏そぼろは味ごはんもいっしょにできる優れものです。

ふわっとジューシーな鶏そぼろにしたくて、2段階に分けて火を通すことを思いつきました。下煮のときに出る煮汁がもったいないので、ごはんをこれで炊いたところ上品な薄味がつき、上にのせるそぼろとの相性も抜群。この味ごはんとそぼろを合わせて混ぜごはんにしたり、おにぎりにしても贅沢です。うちで鶏そぼろごはんといえば、今はこれが定番になっています。

a

b

c

鶏そぼろごはん

材料(4人分)

鶏そぼろ〔鶏ひき肉300g　だし汁1カップ　A(しょうゆ大さじ2　酒大さじ1　みりん大さじ1)　B(しょうゆ大さじ2½〜3　砂糖大さじ1½　酒大さじ1　みりん大さじ1½)〕　米2カップ　だし汁適量　塩少々

作り方

1　米はといでざるに上げる。

2　鶏そぼろを作る。鍋にだし汁とAの調味料を合わせて煮立て、鶏ひき肉を加えて混ぜながら煮る。アクが出たら取り、軽く火が通ったらざるに上げ、ひき肉と煮汁に分ける(a)。

3　②の煮汁にだし汁を加えて2カップに計量し(b)、塩を入れる。

4　炊飯器に米と③の調味液を入れて普通に炊く。

5　鍋に②のひき肉とBの調味料を合わせて火にかけ、箸で混ぜながら汁気がなくなるくらいまで煮る(c)。火を止め、そのままおいて味を含ませる。

6　④のごはんが炊き上がったら軽く混ぜる。好みで⑤の鶏そぼろを混ぜ込んでもよい。

鶏そぼろの三色べんとう

下には鶏そぼろの煮汁で炊き上げたごはんを敷き詰め、中心に鶏そぼろ、左右に細かい炒り卵とゆでた絹さやをのせます。混ぜ合わせて食べるとき、紅しょうがともみのりも欠かせません。

ゆで絹さや

材料(作りやすい分量)
絹さや100g　塩少々

作り方

1 絹さやは筋を取り、塩を加えた熱湯でゆでる。
2 冷水にとり、水気をよくきって斜めせん切りにする。

炒り卵

材料(作りやすい分量)
卵4個　砂糖大さじ1½〜2　酒大さじ1　塩少々

作り方

1 ボウルに卵を溶きほぐし、砂糖、酒、塩を加えて混ぜる。
2 鍋に①を入れて火にかけ、箸2〜3膳で手早く混ぜながら火を通す。
＊ 油を使わずに細かく炒りつける作り方で、あっさり仕上がります。

鶏そぼろの三色べんとうをどんぶりに盛れば、三色丼に早変わり。おもてなしでも喜ばれます。煮汁で炊いたごはんに鶏そぼろを混ぜ、おにぎりにしても贅沢です。好みで焼きのりを巻いたり、漬けものを添えて。

into a lunch box

おべんとう箱に鶏そぼろの煮汁で炊いたごはんを詰める。中央に鶏そぼろをのせ、両側に炒り卵、ゆで絹さやをのせる。好みで紅しょうが、もみのりを添える。もみのりはごはんと具の間にはさむようにちらしてもおいしい。

合いびき肉のそぼろは
うまみがたっぷり。
おべんとうには
少量レシピが便利です。

鶏そぼろに比べ、豚肉や牛肉のそぼろは、肉にうまみや甘みが強いせいか、量は少しでも満足感が出ます。ここでは牛と豚の合いびき肉でそぼろ作り。しかも1つの鍋で肉そぼろとじゃがいもの甘辛煮の両方が作れるレシピなので、おべんとうには大助かり。でき上がったら別々に盛りつけると、うれしいことにちゃんと2品のおかずになってくれます。

じゃがいもとひき肉の甘辛煮

材料（1人分）
じゃがいも1個（150g）　合いびき肉50g　サラダ油少々　だし汁大さじ2　A（しょうゆ大さじ1　みりん大さじ1　砂糖大さじ½）

作り方

1　じゃがいもは皮をむいて半分に切り、さらに6等分して水にさらし、水気をよくきる。
2　小さめのフライパンにサラダ油を熱し、じゃがいもをよく炒めてからひき肉を加えて炒め合わせ、だし汁とAの調味料を加える。
3　落とし蓋をして、じゃがいもがやわらかくなり煮汁がほとんどなくなるまで煮る。

肉そぼろべんとう

合びき肉のそぼろは炒り卵と重ねてごはんの上に、
いっしょに煮た甘辛のじゃがいもはおかずとして別盛りに。
さわやかなオレンジの砂糖がけがいい箸休めです。

きゅうりのみそ漬け

材料（作りやすい分量）
きゅうり４本　塩大さじ２　みそだれ（P.57参照）大さじ６

作り方

1　きゅうりは塩をまぶして板ずりし、少しおいてからさっと塩を洗って水気を拭く。

2　ファスナーつきポリ袋などに①のきゅうりとみそだれを入れ、１晩くらい冷蔵庫におく。味がなじんだら食べやすい長さに切る。

*　多めに作っておくとふだんのおかずに役立ちます。漬かりすぎたときは薄く切るか、細かく刻み、ごまや刻んだ青じそを混ぜてもおいしいです。

オレンジの砂糖がけ

材料（作りやすい分量）
オレンジ１個　砂糖適量

作り方

1　オレンジの果肉を取り出し、砂糖を適量ふりかけ、冷蔵庫に１晩おいて味をなじませる。

*　ちょっと鮮度が落ちたオレンジでもおいしくなります。大人ならコワントロー少々をふって風味を加えても。

into a lunch box

２段のおべんとう箱の一方にごはんを詰め、炒り卵（P.11参照）をのせ、じゃがいもとひき肉の甘辛煮の肉そぼろだけをのせる。好みで刻んだ紅しょうがをちらし、もみのりを添える。もう一方にはじゃがいもの甘辛煮を半量ほど詰め、好みでマヨネーズを添える。すき間にきゅうりのみそ漬け、オレンジの砂糖がけ、カリカリ梅を詰める。

♣ 肉のそぼろでもう一品

ソースそぼろ

材料（作りやすい分量）
合いびき肉（粗びき）100g　にんにく（つぶしたもの）1片分　サラダ油小さじ1　ウスターソース大さじ2　トンカツソース大さじ1

作り方

1 フッ素樹脂加工の小鍋にサラダ油を熱し、にんにくを炒める。香りが出たらひき肉を入れて炒める。

2 肉の色が変わったらウスターソース、トンカツソースを加え、混ぜながら汁気が少なくなるまで炒める。火を止め、にんにくを取り出す。

＊ ソースそぼろは、たとえるなら洋食のそぼろ。ウスターソースとトンカツソースを使って深い味が出ます。ごはんにキャベツのせん切りとソースそぼろをのせたり、ソースそぼろ入りのコロッケやお好み焼きもおすすめです。

魚はそぼろにすると
子どもたちも食べてくれます。
身近なサバで作り始め、
いつしかうちの定番です。

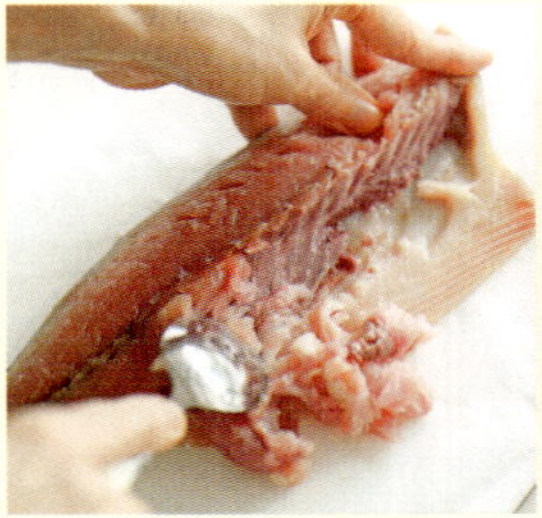

a

b

私の実家では祖母の頃からアジのそぼろが常備菜でした。魚はそぼろにすると小さい子にも食べやすいもの。私が記憶をたよりに身近なサバで作り始めたのもうちの子どもたちがまだ小さいころで、野菜も食べさせたくて具だくさんになりました。サバの身はスプーンでかき出すとおもしろいように取れて、無駄が出ません。この手軽なやり方もみんなに好評です。

サバそぼろ

材料(4人分)
サバ(3枚おろし) 2枚(正味約200g) 干ししいたけ3〜4枚 にんじん50g 玉ねぎ½個 しょうが1片 サラダ油大さじ1〜2 A(酒大さじ1 砂糖大さじ1〜1½ しょうゆ大さじ4 みりん大さじ2 みそ大さじ½)

作り方

1 サバは骨抜きを使って小骨を抜き、中骨の両側の身を頭から尾の方向にスプーンでかき出し(a)、さらに包丁で軽くたたく。
2 干ししいたけは水で戻しておく。
3 にんじん、玉ねぎは粗みじんに切る。戻したしいたけは水気を軽く絞り、石づきを取って粗みじんに切る。しょうがはみじん切りにする。
4 フライパンにサラダ油を熱し、①のサバと③のしょうがを入れて炒める。サバがほぐれたらにんじん、しいたけ、玉ねぎを加えて炒め合わせる。
5 ④にAの調味料を順に加えて(b)、汁気がなくなるくらいまで混ぜながら煮含める。

サバそぼろべんとう

ちょっと濃いめに味つけしたサバそぼろをごはん一面に。
ほかには甘い卵焼きや青菜と炒めたウインナ、しば漬けでもあれば十分。
いつまでも食べていたい飽きないおいしさのおべんとうです。

ウインナとほうれん草の炒めもの

材料（1人分）
ウインナソーセージ1本　ほうれん草1株　サラダ油少々　塩・こしょう各少々　トマトケチャップ適量

作り方

1　ウインナは斜め半分に切り、ほうれん草は熱湯でさっとゆがいて水にとり、水気を絞って4～5㎝長さに切る。

2　フライパンに薄くサラダ油を熱し、ウインナを炒める。すき間でほうれん草をさっと炒め、塩、こしょうで調味する。ウインナにはケチャップを添える。

だしみつ卵

材料（1本分）
卵3個　だしみつ（だし汁¼カップ　砂糖20g　薄口しょうゆ小さじ½　塩少々）　サラダ油適量

作り方

1　だしみつを作る。温かいだし汁に砂糖を加えてよく溶かし、薄口しょうゆを加え、塩で味を調える。

2　ボウルに卵を溶きほぐし、①を加えてよく混ぜ、こす。

3　卵焼き器にサラダ油を熱し、ペーパータオルで油を薄く全体になじませる。

4　②の卵液を少量流し入れ、半熟のうちに手早く片側にまとめて芯にする。油が足りなければ③の要領で足し、再び卵液を少量流し入れ、芯の下にも行きわたるようにして巻き込む。これを何度か繰り返す。冷めたら切り分ける。

＊　熱いうちにクッキングペーパーで巻くと形が整います。焼きたてを朝ごはんのおかずにし、残った分をおべんとうに詰めてもいいです。

into a lunch box

おべんとう箱にごはんを詰め、サバそぼろを広げてのせる。だしみつ卵はおべんとう箱の高さに合わせて食べやすく切って重ね、ウインナとほうれん草の炒めものを詰め合わせる。すき間にはしば漬けを適宜添える。好みで焼きのりを持参し、細かくもんでかける。

♣ 魚のそぼろでもう一品

鯛そぼろ

材料(作りやすい分量)
鯛切り身2切れ(約200g) 酒大さじ1 砂糖大さじ2 薄口しょうゆ大さじ1 しょうゆ大さじ1

作り方

1 鍋に鯛が十分かぶるくらいの湯を沸かし、酒と鯛を入れ、再び煮立ったら返して蓋をし、火を止めて少しおいて蒸らす(a)。

2 中まで火が通ったら取り出して皮と骨、血合いを除き、身をよくほぐす。

3 鍋に入れ、箸2膳を使って軽く混ぜながら水分をとばす。

4 砂糖、薄口しょうゆ、しょうゆを入れ、弱火でさらにほろほろになるまで炒りつける(b)。

＊ 素材の色そのままに仕上がります。三色べんとうはもちろん、ちらしずしにのせたり、のり巻きの具にしても上品な味わいが楽しめます。

a

b

column 4　おべんとうに持っていきたいもの

ふりかけやくだもの、飲みもの。
ときにはひと口の甘いものがうれしい。

小さなあんパン

コーンフレークと牛乳

小まんじゅう

モンキーバナナ

ヨーグルト

ふりかけ

ひと口ようかん

カステラ

袋菓子

チョコレート

インスタントみそ汁

干しあんずとマンゴー

おべんとうの思い出 ❹ 母のおべんとう箱

小さいころから家族で毎日おみそ汁を飲んでいた塗りのお椀。全国を行商に回っていた輪島塗りの塗師さんに、私の母が注文したものでした。半世紀も前の話ですが、包んであった和紙のサインから、昭和の名工といわれた奥田達朗さんの作ったものだと知りました。私が高校生のころ使っていた小判形のおべんとう箱もその当時のひとつです。全体の色合いは見るからに渋いのですが、蓋をあけたとき中のごはんやひじきの煮ものがなんとおいしそうに見えたことか。長じて私が漆器好きになったのは、このころの思い出が導いてくれた気がします。

5

ごはんが主役になる日

お昼はしっかり食べてほしい。そう願うとおべんとうは
自然にごはんとおかずの組み合わせが多くなります。
とりわけ、ごはんが主役になるおべんとうは
蓋を開けたときの喜ぶ顔が見えるような気がします。

オムライスべんとう

家ですぐ食べるときはゆるゆるの卵焼きをのせていますが、オムライスべんとうでは卵の中まで火を通します。ぽろぽろした卵とケチャップライスが混ざった味も私は好きです。

オムライス

材料（1人分）

鶏もも肉50g　玉ねぎ$\frac{1}{8}$個（25g）ピーマン1個　ごはん1膳分　トマトケチャップ適量　卵2個　サラダ油大さじ$1\frac{1}{2}$　塩・こしょう各適量

作り方

1　鶏肉は1cm角に切る。玉ねぎ、ピーマンも1cm角に切る。

2　フライパンにサラダ油大さじ$\frac{1}{2}$を熱し、鶏肉を炒めて軽く塩、こしょうし、玉ねぎ、ピーマンを炒め合わせる。

3　サラダ油大さじ$\frac{1}{2}$を足してごはんを加えて炒め、ケチャップ大さじ1を入れてなじませ、塩、こしょうで調味する。平皿などにあけて冷ます。

4　ボウルに卵を溶きほぐし、軽く塩、こしょうする。フライパンにサラダ油大さじ$\frac{1}{2}$を熱し、流して両面を焼く。

5　容器に③を詰め、④をのせ、切り込みを入れてケチャップを適量かける。

スナップえんどうのバター炒め

材料（作りやすい分量）

スナップえんどう12本　バター小さじ1　塩・こしょう各少々

作り方

1　スナップえんどうは筋を取り、塩少々（分量外）を加えた熱湯でゆで、冷水にとり、水気をきる。

2　フライパンにバターを熱し、①をさっと炒めて塩、こしょうで調味する。

＊　さやごと食べられるスナップえんどうは、食べごたえがあり、彩りにもなる重宝な素材。バター炒めのほか、ゆでたじゃがいもと組み合わせてマヨネーズであえてもおいしいです。

ひじきとさつま揚げの煮もの

材料（作りやすい分量）

ひじき（乾）35g　さつま揚げ2枚（約80g）　A（だし汁$\frac{1}{2}$カップ　しょうゆ・砂糖・みりん各大さじ2）

作り方

1　ひじきはよく洗ってから戻し、長ければ食べやすく切る。さつま揚げは長さを半分に切ってから5mm幅に切る。

2　小鍋にAの煮汁を煮立て、ひじきとさつま揚げを加え、煮汁が少なくなるまで煮る。

3　火を止め、そのまま味を含ませる。

＊　冷蔵庫で数日間は日持ちするので、まとめて作ると常備菜になります。ひじきには、にんじん、油揚げ、こんにゃく、ゆで大豆などを適宜合わせても。

into a lunch box

おべんとう箱にオムライスを詰める。卵焼きはおべんとう箱の形に合わせて端をさし込むとよい。仕切りケースなどを使って、ひじきとさつま揚げの煮もの、長さ半分に切ったスナップえんどうのバター炒めを添える。

黒豆ごはんべんとう

健康ごはんで話題になる前から、黒豆ごはんはうちの定番です。
米に黒米と炒った黒豆を混ぜるので炊き上がりは濃い紫。
おかずは魚とも肉とも相性がよくて、私の好きなおべんとうです。

黒豆ごはん

材料（4人分）
米1½カップ　黒米½カップ　黒豆½カップ　水1½カップ　酒大さじ1
昆布茶小さじ1〜1½

作り方

1　米はとぎ、黒米を加えてさらに水洗いしてざるに上げる。
2　黒豆はさっと洗って水気をよくきり、フライパンで表面の皮がはじけるくらいまで空炒りする。
3　炊飯器に①の米、分量の水、酒を入れ、②の黒豆をのせて炊く。
4　炊き上がったら昆布茶をふり入れ、軽く上下を返して混ぜる。
＊　水加減は少しかために なっていますので、お好みで調整してください。

カジキの照り焼き

材料（1人分）
カジキ切り身（6㎝×4㎝大）2切れ
サラダ油少々　照り焼きソース（右記参照）大さじ1

作り方

1　フライパンにサラダ油を熱し、カジキの両面をよく焼く。
2　照り焼きソースを加え、照りよくからめる。
＊　カジキは脂があっておいしい魚。切り身の場合は皮も骨もないので、おべんとう用に小さく切るのも簡単です。

便利なたれ・ソース

照り焼きソース

材料と作り方（作りやすい分量）
鍋にしょうゆ½カップ、みりん½カップ、砂糖大さじ4を合わせて火にかけ、煮立ったら弱火にし、15分くらい煮詰める。

To next page

たけのこの土佐煮

材料（作りやすい分量）
ゆでたけのこ小１個（150ｇ）　Ａ（だし汁¼カップ　砂糖大さじ１強　みりん・しょうゆ各大さじ１　酒大さじ½）
削りガツオ適量

作り方

1　たけのこは３㎝長さのくし形に切る。
2　小鍋にＡを入れて弱火で２分くらい煮詰め、たけのこを入れて煮汁がほとんどなくなるまで煮る。
3　火を止め、削りガツオをまぶす。
＊　仕上げに加える削りガツオが余分な汁気を吸ってくれます。
＊　新たけのこの出回る時季にはぜひ生からゆでて作ってみてください。

切り干し大根とすき昆布の煮もの

材料（作りやすい分量）
切り干し大根（乾）40ｇ　にんじん３㎝長さ　すき昆布（乾）10ｇ　ごま油大さじ１　だし汁½〜¾カップ　薄口しょうゆ大さじ４　酒大さじ１　砂糖大さじ１　赤唐辛子の小口切り２本分

作り方

1　切り干し大根はよく洗ってから戻し、水気をよく絞り、食べやすく切る。すき昆布もよく洗ってから戻し、水気をよくきり、長ければ切る。にんじんは３㎝長さのせん切りにする。
2　深めのフライパンにごま油を熱し、切り干し大根をほぐしながらよく炒め、だし汁を加える。煮立ったら薄口しょうゆ大さじ3、酒、砂糖を加える。途中でにんじんも加えて煮含める。
3　残りの薄口しょうゆを加えて混ぜ合わせ、火を止める。すき昆布を加えて煮汁を吸わせるようにからめ、最後に赤唐辛子の小口切りを加える。
＊　だし汁の量は切り干し大根のかたさで加減し、すき昆布は火を止めてから加えるのが食感を残すコツです。

into a lunch box

２段のおべんとう箱の一方に黒豆ごはんを詰め、すき間にたけのこの土佐煮、しば漬けを添える。もう一方にサラダ菜を敷いてカジキの照り焼きを重ねてのせ、すだちの薄切りを添える。仕切りケースなどを使い、切り干し大根とすき昆布の煮もの、ほうれん草とツナのマヨネーズあえ（P.61参照）、汁気をきったセロリとにんじんの甘酢漬け（P.104参照）を詰める。

カレーチャーハンべんとう

蓋を開けるとカレーの香りが広がって食欲が目覚めます。
ごはんは炒めると冷めても味がよく、野菜もたっぷり加えられます。
肉を入れない分、牛肉のみそ漬けでバランスをとって。

カレーチャーハン

材料(1人分)
玉ねぎ⅛個　ピーマン½個　にんじん1cm長さ　ごはん1膳分　サラダ油小さじ2　カレー粉小さじ1〜2　トマトケチャップ小さじ1　中濃ソース少々　顆粒コンソメ・塩・こしょう各少々

作り方

1　玉ねぎ、ピーマンは1cm角切り、にんじんは1cm角の薄切りにする。
2　フライパンにサラダ油を熱し、玉ねぎ、にんじん、ピーマンの順に炒める。
3　ごはんを加えて炒めたらカレー粉をふり入れて炒め、ケチャップ、ソースで調味し、コンソメ、塩、こしょうで味を調える。
*　チャーハンに限っては冷めてもごはんがぽそぽそしにくいので、冷凍ごはんを温めて使うこともできます。

牛肉のみそ漬け

材料(作りやすい分量)
牛ステーキ用肉1枚　簡単みそだれ(みそ大さじ3　みりん小さじ2　砂糖大さじ2　しょうゆ少々)

作り方

1　小さめのボウルに簡単みそだれの材料を合わせて混ぜる。
2　ラップに①のみそだれの半量を敷いて牛肉をのせ、上にもみそだれの残りを塗って包む。1晩くらい冷蔵庫におく。
3　牛肉のみそだれをぬぐい、食べやすい大きさに切って熱した焼き網にのせ、両面を焼く。
*　銀ダラのみそ漬け(P.57参照)で紹介した、みそだれがあれば利用しても。

into a lunch box

2段のおべんとう箱の一方にカレーチャーハンを盛り、すき間にプロセスチーズを添える。もう一方には牛肉のみそ漬け、レモンをくりぬいた容器や仕切りケースを使ってカリフラワーの甘酢漬け(P.105参照)を詰め、すき間にいちごを適宜入れ、すだちを添える。

おこわべんとう

レンジでおいしく作れるおこわのレシピを覚えておきませんか。
ちょっとうれしい気持ちを込めたい日にもぴったりです。
サワラの塩焼きなど、うちの夫の好きなおかずと合わせて。

レンジおこわ

材料(軽く3膳分)
あずき40g　もち米1カップ(約160g)
あずきのゆで汁と水(合わせて1¾カップ　黒ごま塩適量

作り方

1　あずきは多めの水に4～5時間浸す。水を替えて火にかけ、煮立ったら弱火にして、食べてみて芯はないけれど、少しかためくらいまでゆでる。

2　ざるに上げて汁気をきり、ゆで汁はとっておく。

3　もち米は洗い、15～20分くらい水につけてから水気をよくきる。

4　大きめの耐熱ボウルにもち米、あずき、ゆで汁と水を合わせて計量したものを加える。

5　ふわっとラップをかけ、電子レンジで約6分加熱する。取り出して手早く全体を混ぜ、もう一度ラップをかけてさらに約3分加熱する。器に盛り、黒ごま塩をふる。

＊　ふだんでも2人分くらいの少量を作りたいときはレンジおこわが便利です。

サワラの塩焼き

材料(2人分)
サワラ1切れ　塩少々

作り方

1　サワラは4等分に切る。

2　①の両面に塩をふり、熱した焼き網で両面を焼く。

揚げシューマイ

材料(4個分)
シューマイ4個　A〔天ぷら粉(市販)大さじ1　冷水大さじ1　青のり粉小さじ1　薄口しょうゆ少々〕　揚げ油適量

作り方

1　小さめのボウルにAを合わせて天ぷら衣を作る。

2　シューマイに①をスプーンなどでからめ、熱した揚げ油でカリッと揚げる。

＊　シューマイ独特のにおいが、青のりを混ぜた衣で揚げるとやわらぎます。

into a lunch box

おべんとう箱にレンジおこわを詰め、たけのこの土佐煮(P.86参照)、揚げシューマイ、サワラの塩焼きを詰め合わせ、たけのこには好みで木の芽を、サワラにはレモンを添える。すき間にカリカリ梅の削ったものを適宜詰める。

いなりちらしべんとう

甘辛く煮た油揚げをすし飯にのせた手軽ないなりちらしが主役。
だしがジュワーッとしみた高野豆腐とひき肉の煮ものは
片栗粉でとろみをつけておべんとう向きに仕上げ、詰め合わせます。

いなりちらし

材料（1人分）
油揚げの甘煮（油揚げ1枚　だし汁¼カップ　しょうゆ大さじ½〜⅔　みりん・酒各大さじ½　砂糖大さじ1）
ごはん1膳分　すし酢（市販）大さじ1½　山椒ちりめん（市販）大さじ1

作り方

1 油揚げの甘煮を作る。油揚げは油抜きし、水気を絞って2cm幅に切る。
2 小鍋にだし汁と調味料を煮立て、①の油揚げを入れて煮汁が少なくなるまで煮含め、冷ます。
3 温かいごはんにすし酢を加え、切るように混ぜてすし飯を作り、山椒ちりめんを加える。
4 容器に③を詰め、油揚げの甘煮適量をのせる。

高野豆腐のひき肉あん

材料（2人分）
高野豆腐1枚　豚ひき肉50g　だし汁½カップ　A（砂糖・みりん・酒・薄口しょうゆ各大さじ1）　塩少々　片栗粉・水各小さじ1

作り方

1 高野豆腐は箱の表示を参考に戻し、水気をかたく絞って1cm角に切る。
2 小鍋にだし汁とAの調味料を合わせて火にかけ、ひき肉を加えてほぐす。
3 再び煮立ったらアクを取り、①の高野豆腐を加えて煮る。味をみて塩を加え、煮汁を寄せて、水溶きの片栗粉でとろみをつける。

into a lunch box

おべんとう箱にいなりちらしを詰め、仕切りケースなどを使い、高野豆腐のひき肉あん、絹さやのおひたし（P.61参照）、大根の皮のしょうゆ漬け（P.104参照）を適宜詰め合わせる。ここではかごのおべんとう箱にハランを敷いている。

冷凍ごはんを
温めて握っても
味混ぜなら
冷めたときおいしい。

♣ 漬けもので作る常備菜

高菜炒め

材料と作り方
（作りやすい分量）
高菜漬け150gは塩気をさっと洗い流し、水気をよく絞る。幅の広いところは細かく切り分けてから小口切りにする。フライパンにサラダ油大さじ½を熱してざっと炒め、仕上げにごま油大さじ½をふって風味をつける。

高菜炒めとハム

材料と作り方（2人分）
温かいごはん軽く2膳分に高菜炒め（左記参照）大さじ2、ハムの細かいみじん切り2枚分、ごま大さじ1を混ぜ、等分して好みの形に握る。

＊ 高菜炒めは温かいごはんやラーメンにのせたり、卵焼きに入れてもおいしい。

アサリ佃煮と紅しょうが

材料と作り方（2人分）
温かいごはん軽く2膳分に紅しょうがの刻んだもの大さじ2を混ぜ、等分して1個に対しアサリの佃煮3〜4個を芯にして、好みの形に握る。

鮭と山椒ちりめん

材料と作り方（2人分）
温かいごはん軽く2膳分に山椒ちりめん大さじ1、塩鮭を焼いてほぐしたもの大さじ1を混ぜ、等分して好みの形に握る。

梅肉とのり

材料と作り方（2人分）
梅肉をたたいてペースト状にしたもの大さじ1に焼きのり½枚をもんで混ぜる。温かいごはん軽く1膳分に、梅肉とのりの半量を芯にして、好みの形に握る。もう1個も同様にする。

＊ 梅干しだけでは酸っぱいので、焼きのりを混ぜます。

野沢菜じゃこ

材料と作り方（2人分）
温かいごはん軽く2膳分に細かく刻んだ野沢菜漬け大さじ2、ちりめんじゃこ大さじ2、白炒りごま大さじ1を混ぜ、等分して好みの形に握る。

＊ 野沢菜はできるだけ細かく刻むとごはんになじみやすくなります。

タラコと昆布

材料と作り方（2人分）
温かいごはん軽く2膳分に焼いてほぐしたタラコ大さじ2を混ぜる。等分し、1個に対して昆布の佃煮小さじ1～2、白炒りごま少々を芯にし、好みの形に握る。

カリカリ梅とおかか

材料と作り方（2人分）
温かいごはん軽く2膳分に種を除いて粗みじんに切ったカリカリ小梅大さじ2、削りガツオ小1袋を混ぜ、等分して好みの形に握る。

おべんとうの思い出 5 続ける秘訣

おべんとう作りを続けていると、長い間には気持ちが落ちることもあります。それを乗り越えるには自分で自分を励ます工夫も必要です。私の場合は、毎朝お気に入りのエプロンを締め、一段落したら好きなミルクティーを飲もうとか、タイマーをかけて時間内に絶対終わらせようとか、楽しみや張り合いを見つけていました。今だったらデジカメで記録するのも楽しいと思います。おかずの品数が少なくても、市販品を組み合わせても、そこには作る人の気持ちがあります。からっぽになって返ってくるおべんとう箱がその答えだと思うとがんばれます。

6

おべんとうの定番サンド

おいしいパンのあるときは、サンドイッチを作りたくなります。
ツナサンド、卵サンド、カツサンド……、
長年作り続けている定番の味がやっぱり私も大好き。
手作りのピクルスはサンドイッチの友に欠かせません。

ツナサンド

材料（1人分）
ツナ缶小1缶　玉ねぎのみじん切り大さじ2　マヨネーズ大さじ2〜3　塩・こしょう各少々　レタス2枚　食パン（10枚切り）2枚

作り方

1　レタスはざく切りにし、冷水に放してパリッとさせたら水気をきっていねいに拭き、冷蔵庫で冷やしておく。

2　ツナは缶から出して汁気をきる。玉ねぎは細かいみじん切りにする。

3　ボウルにツナと玉ねぎを合わせ、マヨネーズであえ、塩、こしょうで味を調える。

4　食パンにレタスを敷き、③をのせ、もう1枚でサンドする。軽く押さえて食べやすい大きさに切る。

＊　サンドイッチにはさむレタスは水気を取り除くのがポイント。直前まで冷やしておくと食感が残ります。写真ではきゅうりのピクルス、キウイとはちみつを添えています。

きゅうりのピクルス

材料(作りやすい分量)
きゅうり5本　姫きゅうり12本　A(酢2カップ　白ワイン1カップ　水$\frac{3}{4}$カップ　砂糖80g　塩小さじ2)　B〔にんにくの薄切り1片分　赤唐辛子(種を除いたもの)2本　ローリエ2枚　粒こしょう小さじ2〕

作り方

1　きゅうりは長さを3等分にし、姫きゅうりといっしょに熱湯でさっとゆで、ざるに上げて冷ます。

2　鍋にAを入れて火にかけ、砂糖が溶けたら火を止めて冷ます。

3　熱湯をかけて消毒した保存ビンに、①のきゅうりと②のピクルス液を入れる。さらにBを加えて冷蔵庫で保存する。漬けた翌日から食べられる。

＊　サラダのようにパリパリ食べられるので、多めに作っておくとふだんも役立ちます。ポテトサラダに入れたり、タルタルソースにも欠かせません。

卵サンド

材料（2人分）
卵2個　マヨネーズ大さじ1½　塩・こしょう各少々　食パン（10枚切り）4枚

作り方

1　卵は黄身のやわらかさが残るくらいにゆでて殻をむき、手で大きめにほぐしてボウルに入れる。
2　①にマヨネーズを加え、くずれないように軽くあえ、塩、こしょうで味を調える。
3　食パンに②をたっぷりとのせ、もう1枚でサンドする。軽く押さえて食パンの耳を切り落とし、食べやすい大きさに切り分ける。
＊　卵サンドのふわっとやわらかな口当たりを味わいたくて、パンの耳は落としましたが、お好みで残しても。

アボカドバナナ
ヨーグルトサンド

材料（2人分）
プレーンヨーグルト½カップ　アボカド½個　レモン汁少々　バナナ½本　コンデンスミルク大さじ½〜1
食パン（10枚切り）4枚

作り方

1　ペーパータオルを敷いたざるをボウルで受け、ヨーグルトを入れる。冷蔵庫で2〜3時間おき、水きりをする。

2　アボカドは皮と種を除き、別ボウルに入れてレモン汁をかけ、粗くつぶす。

3　バナナは皮をむき、手でちぎって②に加え、①とコンデンスミルクを加えてあえる。

4　食パンに③をたっぷりとのせ、もう1枚でサンドする。軽く押さえて食パンの耳を切り落とし、食べやすい大きさに切り分ける。

＊　水きりしたヨーグルトはフレッシュチーズのようで、フルーツをあえるとさわやかなコクが加わります。うちではポテトサラダにも混ぜています。

カツサンド

材料（1 人分）

豚カツ（P.44 参照、ひと口カツ用を冷凍したもの）2 枚　揚げ油適量　コールスロー〔キャベツ 2 枚　セロリ 10 cm長さ　青じそ 5 枚　カレーマヨネーズソース（下記参照）大さじ 2　塩少々〕　パン・バター・レタス各適量

作り方

1 豚カツは、前夜に冷蔵庫に移して自然解凍しておく。

2 揚げ油を熱し、①をカリッと揚げて中まで火を通す。

3 コールスローを作る。キャベツはせん切り、セロリも筋を取ってせん切りにする。青じそは粗みじんに切る。キャベツとセロリをカレーマヨネーズであえ、塩で調味し、青じそを加えてさっと混ぜる。

4 パンを横半分に切り、バターを塗り、レタスを敷く。②の豚カツ、③のコールスロー適量をはさむ。

便利なたれ・ソース

カレーマヨネーズソース

材料と作り方（作りやすい分量）

マヨネーズ¼カップ、カレー粉大さじ½、牛乳大さじ 1、レモン汁・顆粒コンソメ各少々を合わせてよく混ぜ合わせる。

＊　日持ちはしないので早めに使いきる。

ホットドッグ

材料(2本分)
玉ねぎ¼個　きゅうりのピクルス(P.99参照)適量　ウインナソーセージ4本　ドッグパン2個　カレーマヨネーズソース(P.102参照)適量

作り方

1 玉ねぎはみじん切りにし、水にさらして水気を絞る。ピクルスはみじん切りにする。
2 ウインナは熱湯でゆでる。
3 パンに切り込みを入れ、ウインナをはさみ、カレーマヨネーズをかける。さらに上に玉ねぎ、ピクルスのみじん切りをたっぷりとかける。
* おべんとうにはもちろん、できたてのおいしさも格別です。

いつもどれかあると一品になる
日々のおべんとうの味方です。

❺

❻

❶ 大根の皮のしょうゆ漬け

材料と作り方
(作りやすい分量)

1 大根の皮(約30㎝長さ1本分、厚めにむいたもの)を、ざるなどに広げて1日ほど天日に干す。
2 ①を3～4㎝長さに切り、8㎜幅のせん切りにする。
3 万能昆布しょうゆ(下記参照) 1回分に花椒大さじ1、赤唐辛子の小口切り2本分、すだちの薄切り1個分を加え、大根の皮を合わせ、半日以上おく。

便利なたれ・ソース

万能昆布しょうゆ

材料と作り方(作りやすい分量)
小鍋にみりん¼カップを煮立ててアルコール分をとばし、少し煮詰める。熱いうちにしょうゆ¾カップ、だし昆布10㎝角1枚を水でさっと洗って水気を拭いて加え、2～3時間以上おく。好みで昆布は取り出す。

❷ セロリとにんじんの甘酢漬け

材料と作り方
(作りやすい分量)

1 酢½カップ、砂糖15g、塩小さじ⅓を合わせ、砂糖と塩が溶けるまでよく混ぜる。
2 セロリ½本は筋を取り、にんじん½本は皮をむき、それぞれ3㎝長さのせん切りにする。みょうが3個は縦半分に切ってから薄切りにする。
3 ①の甘酢と②の野菜を合わせ、冷蔵庫に入れ、しばらくおいて味をなじませる。

❸ 根三つ葉の茎の甘酢漬け

材料と作り方
(作りやすい分量)

1　酢1カップ、砂糖40g、塩小さじ⅔を合わせ、砂糖と塩が溶けるまでよく混ぜる。
2　根三つ葉の茎2束分(150g)は3cm長さに切り、熱湯でさっとゆでて冷水にとる。ざるに上げ、水気をかたく絞る。
3　①の甘酢と根三つ葉の茎を合わせ、冷蔵庫に入れ、1〜2時間おく。
*　根三つ葉や三つ葉の白くてしっかりした茎部分を使います。残った葉部分は炒めもの(P.60参照)やおひたし、汁ものなどに。

❹ もやしの辛み漬け

材料と作り方
(作りやすい分量)

1　スープ(中華スープペースト大さじ1を湯1カップで溶いて冷ましたもの)、豆板醤・薄口しょうゆ各小さじ2、酢大さじ2、砂糖小さじ1を合わせておく。
2　もやし2袋(500g)はひげ根を取る。熱したフライパンで空炒りして余分な水分を除き、ざるに広げて冷ます。
3　①の調味液ともやしを合わせ、ごま油大さじ1で風味をつける。しばらくおいて味をなじませる。
*　市販の味つけもやしがヒントです。味がよくしみるようにもやしは空炒りして余分な水気を除きます。

❺ カリフラワーの甘酢漬け

材料と作り方
(作りやすい分量)

1　カリフラワー小1株は小さめの小房に分け、軽くゆがき、水気を拭き取る。しょうが1片は薄切りにする。
2　甘酢(下記参照)1カップとカリフラワー、しょうがを合わせ、冷蔵庫に入れ、1晩くらいおく。
*　手軽にしたいときは、カリフラワーは生のままでも作れます。

❻ たたききゅうりの甘酢漬け

材料と作り方
(作りやすい分量)

1　酢¾カップ、砂糖大さじ2、塩小さじ¼〜⅓を合わせ、砂糖と塩が溶けるまでよく混ぜる。
2　だし昆布5cm角2枚は水でさっと洗って水気を拭く。
3　きゅうり4本は上下を軽く切り落とし、すりこぎやめん棒などでたたいて亀裂を入れ、2〜3cm長さに切る。
4　①の甘酢ときゅうり、だし昆布、赤唐辛子の小口切り1本分を合わせ、冷蔵庫に入れ、2〜3時間以上おく。

便利なたれ・ソース

甘酢

材料と作り方(約2カップ分)
小鍋にみりん1カップを入れて火にかけ、煮立ったら弱火にして3分くらい煮詰める。火を止め、熱いうちに砂糖大さじ3と塩小さじ2を加えて溶かす。粗熱がとれたら酢1カップを加えて混ぜる。

column 7　おべんとう袋を作りましょう

おべんとう袋を手作りしてみたり、市販のクロスに名前を刺しゅうするだけで、その人だけのものになるのがうれしい。このおべんとう袋は長方形の2段べんとうに合わせました。

おべんとう袋の作り方

材料
表布（無地）、裏布（ストライプ）ともに、90㎝幅×24㎝
リボン 1.2㎝幅×60㎝（26㎝と34㎝に切っておく）
ミシン糸

でき上がり寸法
横17㎝×縦7㎝×高さ10㎝

製図と裁ち方
表布（無地）、裏布（ストライプ）は同じに裁つ
縫い代は1㎝
数字の単位は㎝

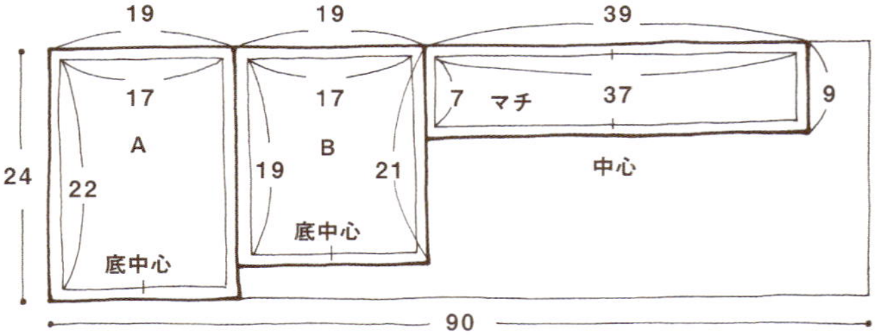

❶ 表布にリボンを縫いつけておく

表布（無地）の、Bの表側の底中心にリボン（26cm）を縫いつけておく。

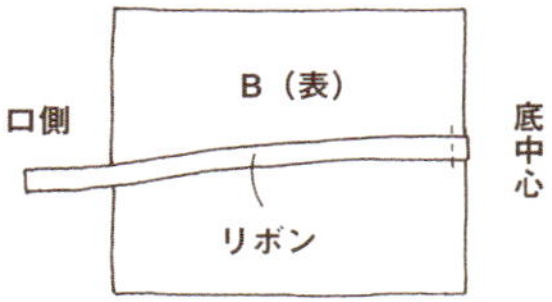

❷ 3枚の布を縫い合わせる

表布（無地）のA、Bの底中心とマチの長い方の中心を合わせてピンで留め、マチの両端を1cmずつの縫い代で縫い合わせる。裏布（ストライプ）も同様にする。それぞれ、3枚の布の角の始末をしておく。

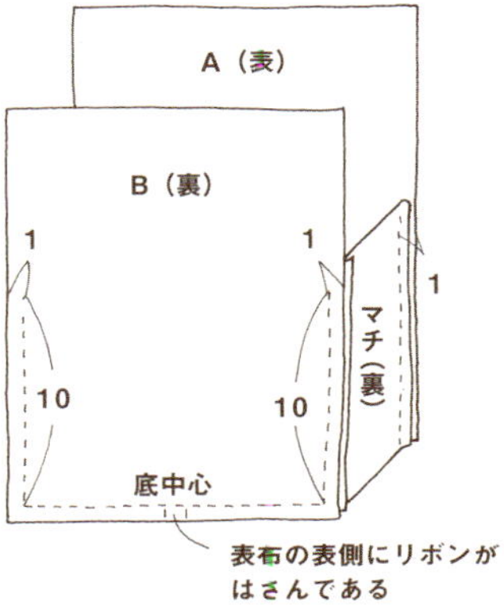

※A・B・マチの角の始末（縫い目を切らないように）

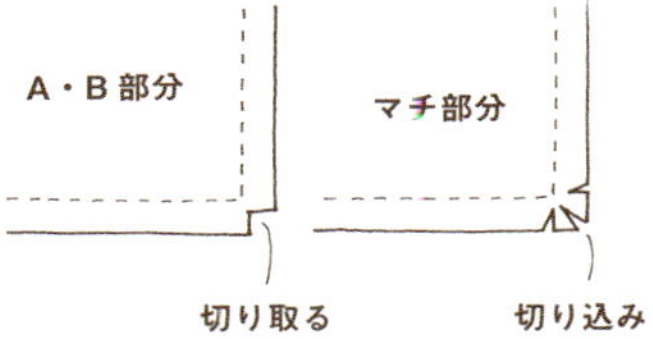

❸ 表布と裏布を縫い合わせる

表布（無地）はひっくり返し、縫い代は内側に折る。裏布（ストライプ）はそのままで縫い代は外側に折り、両布を外表に重ねる。口まわりをミシンで縫い、表布と裏布を縫い合わせる。

でき上がり図

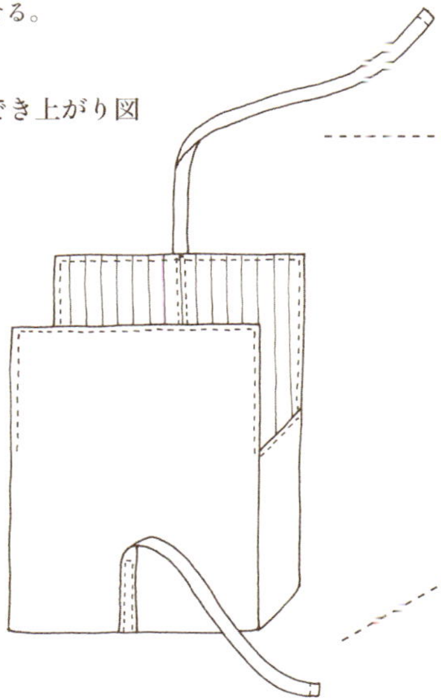

❹ リボンを縫いつける

縫い上がった袋の表布（無地）のB布につけたリボンを縫いつけ、表布（無地）のA布の口側にもリボン（34cm）を縫いつける。

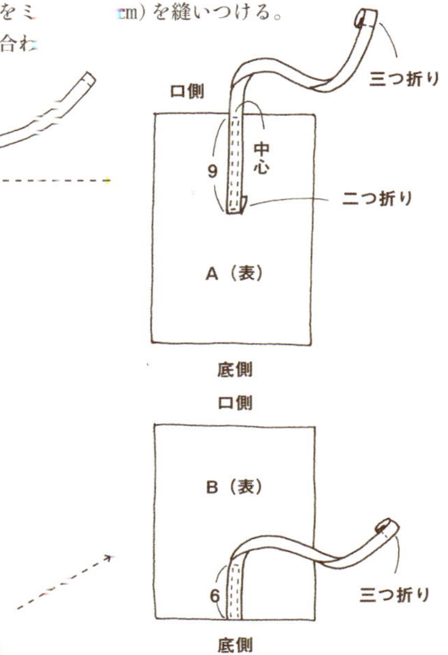

おわりに

この本をまとめるにあたり、家族にあらためて好きなおべんとうのおかずをたずねたら、玲児さんはサバのみそ煮かサワラの塩焼き、切り干し大根と油揚げの煮もの。娘は昔から好きなピーマンの肉詰め、鶏のから揚げ、チャーハンの組み合わせ。息子はブリの照り焼き、ブロッコリーのごまあえ、さらに全員が豚のしょうが焼きとポテトサラダも挙げました。おべんとうに好きなおかずが入っているのは、ふだんの食卓に同じものが並ぶ以上にうれしいようです。それぞれの好みは、年齢を重ねて変わるものもあれば変わらないものもあります。それをときどき確かめて、ちゃんと覚えておくことは大切です。私はいつも自分の愛情を伝えるのは、食事だと思っています。小さなおべんとう箱を通して家族の絆が深まっていけば、こんなに素敵なことはありません。

栗原はるみ

FRIXION BALL

肉

卵

魚介・魚肉

野菜

乾物

ごはん

パン・パスタ

便利なたれ・ソース・その他

栗原はるみ

1947年、静岡県下田市生まれ。26歳で栗原玲児氏と結婚し、一男一女に恵まれる。家族のための日常の料理作りが、幅広い年齢層から支持を得て人気料理家に。生活提案型のショップ&レストラン「ゆとりの空間」やショップ「share with Kurihara harumi」をプロデュース。ミリオンセラーとなった『ごちそうさまが、ききたくて。』(文化出版局刊)を始め、『伝えていきたい日本の味』『復刻版　もてなし上手』(ともに小社刊)など著書多数。季刊誌『栗原はるみ haru_mi』(小社刊)も刊行中。

STAFF

AD + design	藤崎良嗣　境樹子　pond inc.
カバー撮影	竹内章雄
撮影	竹内章雄　中野博安
スタイリスト	中山千寿　福泉響子
構成・文	秋山静江
おべんとう袋制作	橋本幸子
製図・作り方	萩原幹子
編集	鈴木伸子　岡崎妙子
校閲	植村久美
製作進行	橋本輝士
協力	栗原スタッフ
	木村奈緒美　小田真樹子
	吉田奈緒　井上優子

栗原はるみ
おべんとう100

2011年3月1日　第1刷発行
2011年10月30日　第4刷発行

著者	栗原はるみ
発行者	久保田榮一
発行所	株式会社 扶桑社
	〒105-8070　東京都港区海岸1-15-1
編集	tel03-5403-8882
販売	tel03-5403-8859
	http://www.fusosha.co.jp/
印刷・製本	凸版印刷株式会社

ISBN978-4-594-06362-7

この本は、『haru_mi』(小社刊)より抜粋したレシピに新たな内容を加えて再編集したものであり、『栗原はるみ　おべんとう100+はこ』の本の内容と同様のものです。